【新装版】

京都の歴史を足元からさぐる

宇治・筒木・相楽の巻

森浩一——著

学生社

ぼくが大学生のときに古代学を提唱しだした。
そのころ父の於菟《おと》次郎《じろう》がぼくの編集していた雑誌の表紙に書いてくれた。
自由奔放な姿は今のぼくの理想である。

新装版　再刊に寄せて

同志社女子大学名誉教授　森　淑子

夫・森浩一が七十歳代の半ばから八十歳代にかけて取り組んだ『京都の歴史を足元からさぐる』シリーズが新装版として再刊されることになり、大変うれしく思います。

夫は人工透析の治療を受けるようになって、それまでのように遠方まで赴くことが難しくなりました。かつて訪ねた地であっても、文章に書く以上は、現状を自分の眼で確かめたい。それができるのは京都だ、ということで、長年住んでいながらあまり文章に書いてこなかった京都を対象に選んだのです。

夫が体調を崩したころ、私は大学の教員を定年退職しました。専門は全く違う分野で、在職中は「あなたはあなた、私は私」という夫婦でした。新婚旅行と中国への団体旅行しか一緒に旅したことはありませんでしたが、夫が京都の調査に私を誘ったのは、自分の仕事を見せたい気持ちもあったのでしょう。夫の解説を聞きながら遺跡や社寺を巡るのは、歴史に疎い私にも面白い体験でした。

嵯峨野の落柿舎では、松尾芭蕉が滞在した四畳半の部屋を訪ねて夫が俳句を詠みました（「嵯峨・嵐山・花園・松尾の巻」所収）。親しかった作家の金達寿さんに「俳句を作るな」と言われていたそうですが、「自分の本だから芭蕉の句と並べて書ける」と愉快そうでした。上醍醐を訪れた折は、弱った脚が山道で音を上げて、教え子の鋤柄俊夫さんと地元の方に両脇から支えられ下山しました。「疲れたけど、今日は行けて良かった」と喜んでいたのを思い出します。

目的地に着いて車を降りると、「この空気を昔の人も吸ったんだ」と感激する。そんなロマンチックな一面が夫にあることに気付きました。地元の資料館など行ける範囲はとにかく回る熱心さも。「洛北・上京・山科の巻」の「はじめに」にも書いていますが、執筆中に二階の書斎から降りてきて「こんなことが分かった、七十歳まで生きてきてよかった」と、とてもうれしそうに話していたのも忘れられません。

これも「丹後・丹波・乙訓の巻」の「はじめに」にありますが、偶然乗ったタクシーの運転手さんに「京都の本、次はいつ出ますか」と尋ねられ、とても喜んでいました。若い研究者からも「そこかしこに考えさせる材料がちりばめられている」との感想をいただきました。今回は軽装となるので、いろいろな方にご活用いただけるよう願っています。再刊を一番喜んでいるのは浩一だと思います。ご尽力くださった皆さまに心より感謝を申し上げます。

はじめに

このシリーズの一冊め「洛東の巻」の「はじめに」は二〇〇七年五月一日に書いている。今、五冊めの「宇治、筒木《つつき》、相楽《さがら》の巻」の「はじめに」を書こうとしているのだが、二年で五冊ができたことになる。

いつだったか、作家の司馬遼太郎さんに〝原稿は一日に何枚ぐらい書くのですか〟とたずねると、〝十二、三枚です。毎日書きつづけることが大切です〟という返事があった。

ぼくもこの二年間、一日に書く原稿はさほど多くはなかったが、とにかく毎日書いた。夜、眠っていても頭はまだ考えつづけていて、ふと行きづまっている個所が解けることもある。あわてて起床してメモを書く。おかしなもので、八〇歳になると雑念がへって、原稿の執筆に全力を注ぐことができるようになった。

この巻は、いわゆる「南山城《やましろ》篇」である。だが、南山城のなかでも、宇治、筒木（城）、相楽の地名に南山城を象徴させた。それらの土地が歴史上に果たした役割の大きさについては本文で確認してほしい。

宇治田原の干し柿と森浩一

一九九六年十二月八日に、金胎寺を訪れたあと、宇治田原で干し柿を作る柿屋にでくわした。干し柿（古老柿）はもう出来上がり、蓆に並べてさらに干していた。ぼくが宇治田原、ひいては南山城への関心を深めた日だった。

玄界灘の対馬《つしま》（津島）を孤島という人もいるがとんでもない。物資も豊富だし歴史上の役割も大きい。対馬の大名は代々宗《そう》氏だった。その末裔の宗武志が対馬を詠んだ詩は、対馬の果した役割をみごとにとらえている。

島も痩せたが　友も痩せた
魚形を削りながら　だまって潮を見る
だが俺には夢がある
言いさして友は笑う
深夜　世界図を開く　コンパスを取る
島を軸にぐるっと廻す

コンパスの軸をそれぞれの土地に置いてみる。これは、地域学の基礎となる発想であり、行動である。

ぼくは「宇治・筒木・相楽の巻」では、何とかそれぞれの地域にコンパスの軸をおいて、円を描けたようにおもう。やっと当初の目的どおり、南山城の歴史を南山城の足元からさぐれた、という想いがする。なお「弟国（西山城）・丹波・丹後の巻」は、シリーズの続篇として少し時間はかかるだろうが作ってみよう。

森 浩一

二〇〇九年五月五日

京都の歴史を足元からさぐる［宇治・筒木・相楽の巻］――目次

森 淑子

第2章　武埴安彦から磐之媛

第3章　南山背の古墳時代

第4章　仏教文化の浸透と南山背

第5章　山里、田原の重要性と霊場

終章　鋳銭司から鳥羽・伏見の戦まで

［編集部注　新装版にあたって初版の口絵を割愛した。］

第1章　菟道《うじ》と宇治

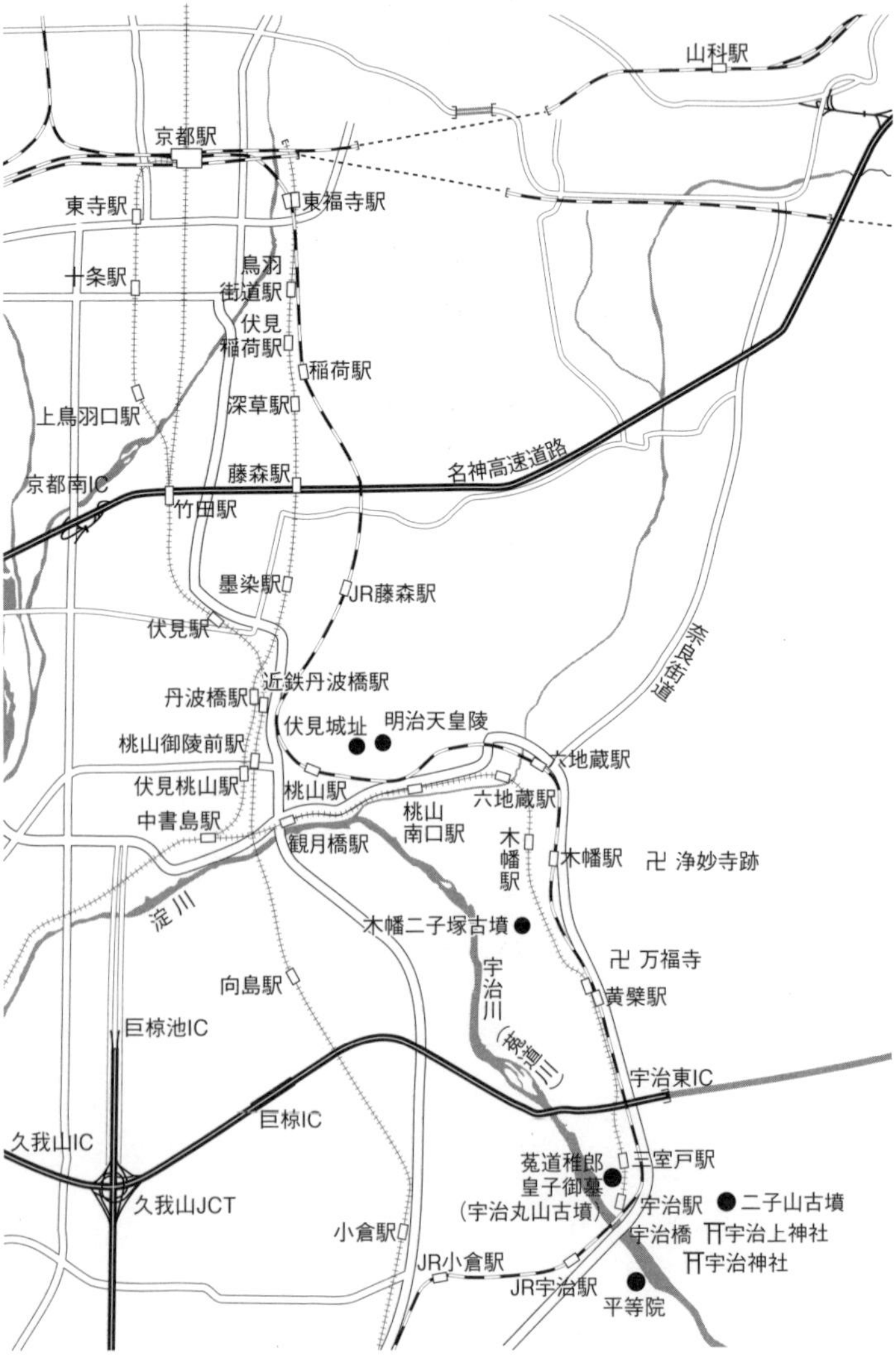
山科駅
京都駅
東寺駅
東福寺駅
十条駅
鳥羽街道駅
伏見稲荷駅
稲荷駅
深草駅
上鳥羽口駅
藤森駅
名神高速道路
京都南IC
竹田駅
墨染駅
JR藤森駅
伏見駅
奈良街道
近鉄丹波橋駅
丹波橋駅
伏見城址
明治天皇陵
桃山御陵前駅
六地蔵駅
伏見桃山駅
桃山駅
六地蔵駅
中書島駅
桃山南口駅
観月橋駅
木幡駅
木幡駅
卍 浄妙寺跡
淀川
木幡二子塚古墳
卍 万福寺
宇治川
向島駅
黄檗駅
巨椋池IC
(菟道川)
宇治東IC
巨椋IC
久我山IC
菟道稚郎皇子御墓
(宇治丸山古墳)
三室戸駅
久我山JCT
宇治駅
二子山古墳
宇治橋
宇治上神社
小倉駅
宇治神社
JR小倉駅
JR宇治駅
平等院

交通路としての菟道川《うじ》

宇治といえば現在では宇治市が頭に浮かぶ。だがこれは戦後の昭和二六年（一九五二）に誕生した地名である。この時の合併では、宇治郡の宇治村と笠取村、さらに久世《くぜ》郡の宇治町、槇島《まきしま》村、小倉村、大久保村が集って宇治市が生れた。注意してよいことは、宇治の地名が宇治郡と久世郡の両方にあったことである。このことは『和名抄』にも宇治郷は宇治郡にも久世郡にも記されていて、古代にさかのぼる。これについては、宇治川や宇治橋について述べるときにもふれることにする。

先にいっておきたいことは、宇治の地名は宇治川（菟（兎）道河）の存在が前提になっているということである。宇治川は琵琶湖から流下する大量の水をまとめて淀川へと送る大河で、この川ぞいの道は山背《やましろ》から近江へ、さらに東国や北陸（越《こし》の国）へと至るためには重要だった。この場合の東国には、中部高地の東山道《とうさんどう》の国々も含まれている。

『日本書紀』の垂仁天皇三年の条に、新羅の王子の天日槍《あめのひぼこ》の来帰の話がでている。これは重要な事件だったらしく、詳しく説話化した記事が掲載されている。その一節に、天日槍が「菟道河より泝《さかのぼ》って北のかた近江国の吾名邑《あなのむら》に入り暫く住む」とある。この文章の「菟道河より泝って」の表現は、急峻な宇治川ぞいの山道を水流の方向にさからってたどった実感がよくでているとぼくはみる。川沿いの道は歩行には苦難をともなうが、行先を間違うことのない確かな道筋だったのである。

宇治川ぞいの山道は、越国《こしのくに》からヤマトへ行く場合にもよく利用されたとみられる。仲哀天皇は父の日本武《やまとたける》が死んで白鳥になり、天に飛んで行ったという故事によって、父の墓の濠に白鳥

宇治川の上流、田原川との合流付近（文久３年の『宇治川両岸一覧』下）

を放し飼いすることを考え、越国に白鳥を貢がせた。白鳥をたずさえた使人が、おそらく菟道河ぞいの山道を歩いてきたのであろう。その使人が菟道河のほとりに宿っていた。

そのとき仲哀の異母弟の一人が使人から白鳥を取りあげ、「白鳥といえども焼かば黒鳥となるべし」といって奪ってしまった。越人《こしびと》がそのことを天皇に申しあげ、異母弟は派遣された兵卒によって誅されたという。

この異母弟は蒲見別王《かまみわけおう》というのだが、以上の文脈から宇治のあたりに住んでいたように読める。それはともかくとして、宇治の地が日本海側の越の国々から人々がヤマトや河内に行く場合の要《かなめ》の地になっていたことは、この話からも推察できる。

南山背の東西二本の道

菟道（宇治）の地は、越の国々

から近江をへてヤマトにいたるときに通過する要の地である。それとともに、ヤマトや河内から人々が近江や東国、あるいは越の国々に行く場合にも通過する要の地である。近江へ至るときだけではなく、北山背《やましろ》（今日の京都市域）や丹波、さらに出雲にいたるときにも通過する地として賑った。

このように、交通路の要の地としての役割は宇治だけではなく、その北方の岡屋や木幡《こはた》、小野や山科《やましな》にもうかがえ、そのような共通性から、宇治郡として一つの地域にまとめられた原因の一つだとみられる。

ヤマトから宇治にいたるには、木津川の右岸の山麓の道、つまり相楽《さがら》郡東部と綴喜《つづき》郡の東部、さらに久世《くぜ》郡を通るコースと、木津川の左岸、つまり相楽郡西部から綴喜郡西部の丘陵の麓を通過するコースとの二つのあったことが史料からうかがえる。

そのどちらかを山背道とよんだのは間違いないが、先に決めてかかるのではなく、「木津川右岸の道」（古東山道とも）と「左岸の道」（古山陽道とも）の二つの仮の名を使って記述を進めることにする。

木津川右岸の道は、今日の国道二四号の道と重複し、奈良市の北部で奈良山丘陵を越して木津（古くは泉とも水泉《いずみ》）で木津川を渡り、あと賀茂、大狛《おおこま》、蟹幡《かにはた》をとおり宇治にいたり、宇治川を渡って北上するほぼ一直線の道である。

巨椋湖に流入していた宇治川

これにたいして木津川左岸の道は、奈良市でもやや西寄の歌姫または秋篠で奈良山丘陵を越し、木津川の左岸を八幡丘陵の東麓にそって北

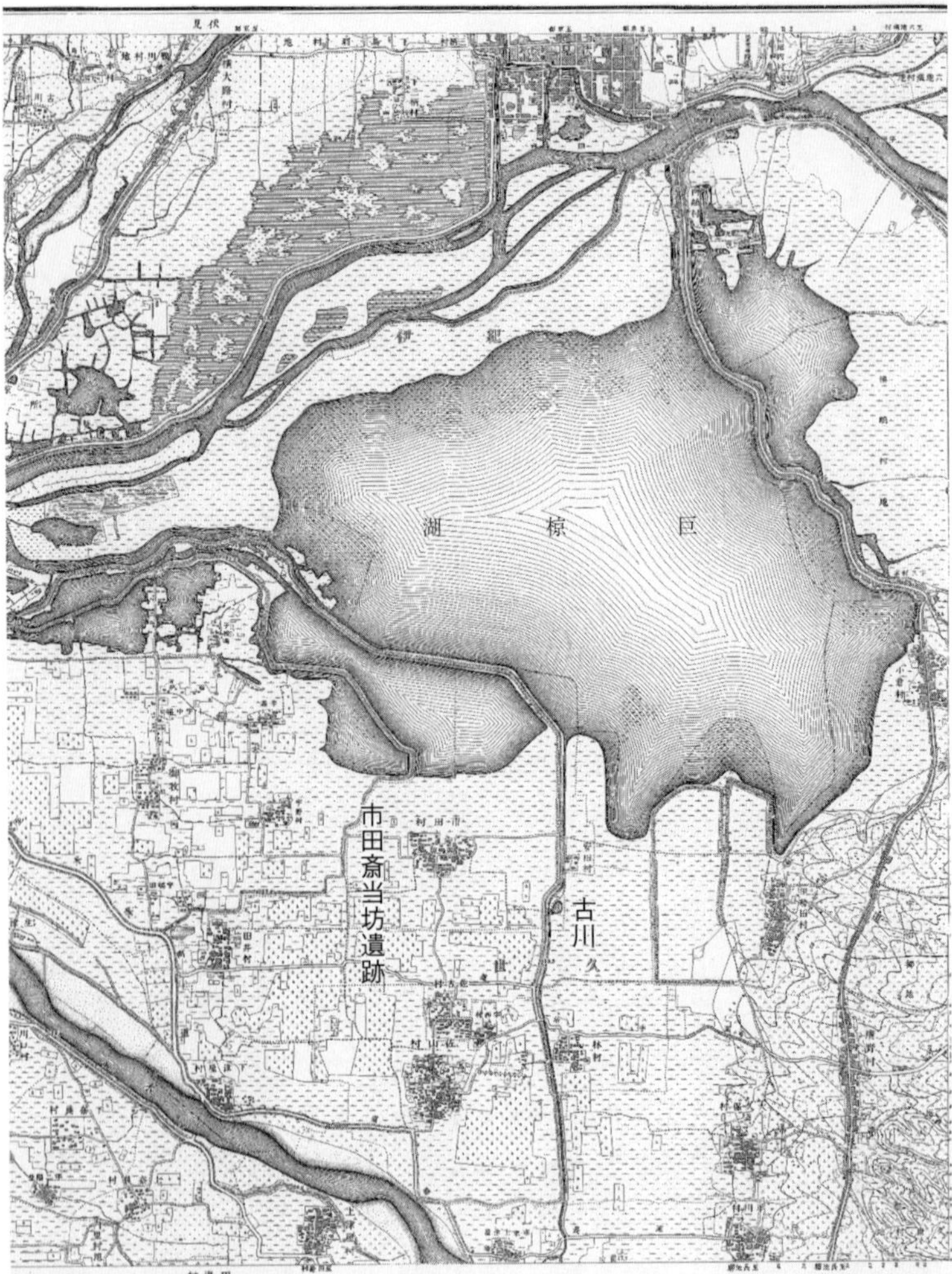

明治23年の２万分の１「淀」に描かれた巨椋湖（市田斎当坊遺跡と古川は追記）

上する。このコースでは行手に巨椋湖《おぐらのみずうみ》という広大な湖沼がひろがっていて、宇治へ至るにはこの湖を舟で横断したとみられる。

巨椋湖は明治二三年（一八九〇）に発行された二万分の一の地図で用いられた地名であって、ぼくはそれを使っている。よく巨椋池という表現が使われている。しかし池という語の使用法からみると適当ではない。いうまでもなく池とは水を貯えるための人工の構築物である。巨椋湖は自然にできた湖沼であり、人工の池は使うべきではない。もう一つ注意してよいのは、近世や近代でのこの湖沼の状況から古代や中世での湖沼の姿を推察しよう、とされることもあるが、それは後に述べるようなことから適切ではない。

いずれにしても古代や中世には、北山城と南山城の間には広大な水域が横たわっていたのであり、鳥羽離宮も巨椋湖の北岸近くにあったのである。

元慶五年（八八二）に「山城《やましろ》、摂津、播磨などの海賊を追捕せしめた」とする史料がある（『日本三代実録』）。

摂津と播磨は海に面していて、海賊がでてもおかしくはないが、山城《やましろ》には海はない。ということは、山城の海賊とは巨椋湖や木津川の活発な水運をねらって出没した海賊とみられる。海賊は荷を積んだ舟が頻繁に通るところに発生するものである。

古代や中世には巨椋湖に宇治川の水は流入し、淀の近くで地形が狭まり、木津川、鴨川、桂川の水を合わせて淀川となり、摂津と河内の境を流れて難波津で大阪湾に流出していた。

このような長年の仕きたりに、激変をもたらす事件がおこった。文禄三年（一五九四）に、豊臣秀吉の伏見築城にさいして巨椋湖が四分割されてしまい、太閤堤とよばれる堤防を築いて、巨椋湖と宇治川を分離して今日のような姿になった。このように一六世紀末以降は巨椋湖の姿や、さらにはそれまでの南山城の水運のあり方に大きな変化が生じたのである。

秀吉によって大がかりな人為の工事がおこなわれたから、このとき以降を巨椋池と意識的にいうのなら一理はあることになる。

垂仁天皇と南山背、イクメイリ彦の女性たち

イクメイリ彦（活目入彦）の漢風諡号が垂仁天皇である。古代史ではさほど注目はされないが、『日本書紀』では「倜儻大度《てきとうだいど》」の人としていて、なかなかの人物だったらしい。

倜儻とは自分の考えをしっかりともつこと、それに度量の大きい大度の人、この言葉は『三国志』「魏書」の「司馬朗伝」に使われていて、『日本書紀』がそのような褒詞《ほめことば》を使ったのである。これからみるとイクメイリ彦にはなかなかの人望があったのであろう。だが後で述べるように女運はよくなく、女扱いの下手な人だったとみられる。

イクメイリ彦は皇后の狭穂姫《さほひめ》（『古事記』では沙本毘売）をこよなく愛していた。だが　その皇后を悲しい運命で失うことになる。それについては後で一項目を設けて説明する。

イクメイリ彦には妃が多いが、おそらく狭穂姫を失ったあとにできたのであろう。そのなかに大筒木垂根王の娘の迦具夜比売《かぐやひめ》がいる。筒木は綴喜の古い表記で、垂根王は後に述べるように京田辺市あたりの豪族とみてよく、娘のカグヤ姫は南山背で生れたとみられる。

カグヤ姫は「物語の出で来はじめの祖《おや》」（『源氏物語』）といわれた『竹取物語』の主人公の名に

使われ名高い女性になっていて後で一項目を設けて述べる。カグヤ姫は木津川左岸の筒木育ちの女だったのである。

イクメイリ彦は、ほかにも山代の大国の淵《ふち》の娘の苅羽田刀辮《かりばたとべ》と妹の二人をも妃にしている。この話は『日本書紀』には垂仁の三四年のこととして、天皇が山背に幸したとき「この国に佳人あり。綺戸辺《かりはたとべ》と曰《もう》す。姿と形は美麗、山背大国の不遅《ふち》の娘なり」とある。

大国は宇治郡内の郷名で、ぼくは木幡《こはた》を含む土地の名称とみている。文字が示すように、豊かな土地だったのであろう。後に述べるように、ある時期（五世紀の初めごろか）から山背の大豪族の和爾《わに》氏の根拠地となるが、ここでの大国の淵（不遅《ふち》）が和爾氏とどういう関係があるかは不詳である。苅羽田《かりはた》（綺）は『延喜式』神名帳の綴喜郡内に「樺井《かばい》月神社」がある。

樺井月神社は、現在では城陽市水主に鎮座する水主神社の境内にあるが、もと綴喜郡内の大住にあったとする伝承があり、決定がむずかしい。どこかに決定するのはむずかしいが、さまざまの表記であらわれる南山背の地名である。この地については後でもふれることがあるが、いずれにしてもイクメイリ彦が南山背の豪族と強く結びついていたことだけはいえそうであり、そのような関係ができるためにも、つぎに述べる狭穂彦《さほひこ》の反乱の鎮圧が大きかったとみられる。イクメイリ彦と南山背との関係は、それらの話からみて木津川左岸の道が使われたのは確かだが、それでも山背道をまだどちらとも決定することはできない。

皇后狭穂姫の悲しい物語

イクメイリ彦の皇后が狭穂姫である。狭穂姫の兄が狭穂彦で、サホの地名からみて奈良盆地北部の大豪族だったとみられる。サホは奈良市北西の佐保川や佐保山に地名をのこしているし、佐保山南陵（聖武陵）や佐保山東陵（光明子の陵）などからも、添上郡《そふのかみ》（もとは添とか層布の一部）内に求めてよかろう。

『古事記』の開化天皇の段には、天皇の妃たちの出自や子のことが詳しく述べられている。注意してよいことは、丹波や山背の豪族と強い結びつきがうかがえることである。そのなかに子の日子坐王《ひこいますおう》が山代の荏名津比売《えなつひめ》、またの名が苅幡戸辧《かりはたとべ》を妻にしているし、春日の建国勝戸売《たけくにかつとめ》の娘の沙本之大闇見戸売《さほのおおくらみとめ》を妻にして生んだのが沙本毘古王《さほひこおう》や沙本毘売《さほひめ》であるとしている。祖母の名に春日がついていることも、今日の奈良市一帯の豪族だったことを示している。

イクメイイリ彦はサホ姫を愛していて、二人の間に子が生まれようとしていた。ところが兄の狭保彦は皇位をうかがって謀反をおこし、仮ごしらえの防御施設の稲城《いなき》に立て籠った。すると狭穂姫も兄のこもる稲城に入ってしまった（『日本書紀』では狭穂姫の皇子の出産はこれ以前として語られている）。以下の話は『古事記』のほうが生々しく、古代の男女関係の記述のなかではもっとも心を打つものがある。前に「イクメイイリ彦の諸問題」（『記紀の考古学』）で存分に書けたので、以下はその個所を使う。

イクメイイリ彦は、倜儻大度《てきとうだいど》の人とはいえ、女運はよいとはいえない。女運というより、女の扱いが上手でないというほうがよさそうだ。イクメイイリ彦にはサホ（狭穂）姫という皇后がおり、二人のあいだに子が生れようとしていた。イクメイイリ彦はサホ姫を愛し、来目《くめ》（今日の橿原市久米町）の高宮では皇后の膝に枕して昼寝をするほどだった。ところが、皇后の兄サホ彦が皇位をうかがって謀反をおこし、仮ごしらえの防御施設の稲城をこしらえて立て籠もると、子を身ごもっていた皇后も兄の稲城に入ってしまった。サホ姫の家では母の名にも〝沙本〟つまりサホがつくように、女も生家との結束が強かったとみられる。

イクメイリ彦が稲城を攻めると、間もなく皇后は男子を出産した。イクメイリ彦は戦士たちのなかから力の強い者をえらび、妻と子を救いださせようとした。だが皇后は髪を剃り、その髪を頭にのせ、手首にまいた玉の緒を朽ちさせ、腐らせた衣服を身につけた。戦士が皇后を救おうとして髪をつかむと、髪は落ちる。手首を握ろうとすると、玉の緒が切れる。衣服のはしを握ると、破れてしまう。イクメイリ彦は、こんな姿の皇后をなお愛しつづけ、「子の名は必ず母がつけるものだ。だからこの子の名をいってくれ」と、稲城の中にいる皇后に叫んだ。

稲城には火がはなたれていた。皇后は「稲城が焼けるなか、火中《ほなか》から生まれたのだから、ホムチワケ（『記』では本牟智和気、『紀』は誉津別）にしましょう」。イクメイリ彦はそれでも食い下がった。「あなたが結んでくれた帯のヒモ（美豆能小佩《みずのおひも》、詳しい意味不明）を、これからは誰にほどいてもらえばよいのか」。それに答えて「丹波（旦波）に二人のよい女（『紀』では五人の婦人）がいます」といいのこして、焼ける城のなかで兄と妹（皇后）は死んだ。

狭穂姫の死の後日談

狭穂姫が戦で命を落としたあと、『日本書紀』に相撲（捔力）の話がでている。ぼくは相撲は人の死を弔う鎮魂のためにおこなったことがあるとみていて、この話もその一つであろう。

出雲国の勇士の野見宿禰とヤマトの葛城の当麻邑《たいまのむら》の当麻蹶速《くえはや》とに相撲をとらすことになった。

注意してよいことは、もともと奈良盆地には東部の狭義のヤマトと西部の葛城の二つの地域に分れ、二人はそれぞれの地域を代表しての相撲ということになる。

もう一つ注意してほしいことは、出雲国の野見宿禰は土師氏の祖で、ひいては菅原氏や秋篠氏の遠祖でもある。それと三輪山の麓にひろがる纒向遺跡の西に接した土地が出雲荘で、古くから出雲国と関係のある土地であるということである。その意味では野見宿禰は狭義のヤマトを代表するとともに出雲の代表者でもあるのである。

ぼくはヤマトの出雲荘についてはすでに何度もふれてきたので略す（「出雲へのまなざし」『考古学へのまなざし』所収）。狭穂姫の死の直後での相撲の話も狭穂姫の死の後始末の一つなのである。山焼で名高い奈良市の若草山の頂上に鶯塚《うぐいすづか》がある。墳長一〇三メートルほどの前方後円墳だが、山頂にあるという立地条件が特異である。つまり高所に築かれている。佐保地方を見下ろせる位置であるし逆にいうと佐保地方から見上げられる土地である。

清少納言の『枕草子』に「みささぎは、うぐひすのみささぎ、かしはぎのみささぎ、あめのみささぎ」（第一九段）と、陵の第一に鶯塚古墳とみられる墓をあげている。被葬者についての伝承は今はなくなっているけれども、この古墳についての悲しい伝説が平安時代までは語りつがれていたのであろうか。狭穂姫の悲しい運命と夫垂仁の歎きよう、さらに古墳の立地条件の特異さからぼくはそのように考えるようになった。

丹波の女と相楽と弟国の地名

丹波から丹波道主王の娘たちがヤマトへとやってきた。この話は『古事記』と『日本書紀』のどちらにもでているが、小さな違いはある。まず

『日本書紀』の話をみよう。そこでは道主王《みちぬしおう》は先にあげた彦坐王《ひこいますおう》の子と注記している。

ここでいう丹波とは和銅六年（七一三）に丹波国から丹後国が分離してからの丹後に当る。丹後（もとは丹波の一部）の豪族とヤマトの天皇家との婚姻関係は垂仁のときに始まるのではなく、すでに触れたことだが開化天皇のときにも、丹波竹野媛を妃としている。すぐ後で述べるように、垂仁のときに丹波からの女のなかに同名の竹野姫がいる。

竹野は丹後国の郡名にもなっている古い地名で、丹後半島を流れる竹野川出口近く（京丹後市）に聳える神明山古墳（前方後円墳）は日本海地方では最大級の古墳で、竹野の豪族の強大さがわかる。この古墳のずば抜けた規模は、記紀での后妃伝承とのかかわりがありそうだが、年代などの点で史料と遺跡のすりあわせがなお必要になる。

イクメイリ彦の女扱いはすごく下手だと書いたが、以下もひどい話である。女たちのうちの竹野姫を〝形姿が醜い〟という理由で丹波に返した。この女は木津川左岸の道を通り丹波に戻ることになった。すると葛野《かどの》まで来たところで自ら輿《こし》から堕《お》ちて死んだ。そこでその土地を堕国《おちくに》というようになった。〝今、弟国という訛《なま》れるなり〟と注記している。

弟国は後で述べる継体天皇の山背での二番めの都のあった地（弟国）である。平安時代には乙《おと》訓《くに》郡の地名となっていて、伝承では堕国《おちくに》→弟国→乙訓と変わったと説明できる。

この個所の『古事記』では丹（旦）波から来た女の二人が〝甚だ凶醜〟という理由で帰されたとなっている。そのうちの円野比売《まどのひめ》は国に帰るのが恥ずかしいといって、山代国の相楽に到ったとき樹の枝に取り懸《か》かって死のうとした。そのため懸木《さがりき》の地となり今は相楽《さからか》となったといっている。相楽は郡の名である。

ところが円野比売は死ねなかった。そこで弟国で淵に堕ちて死んだという。その地が堕国で今の弟国としている。

このように山背国の二つの郡の名が丹波の女の悲しい運命とかかわってついた、とする地名説話があったのである。どちらの地名も、イクメイリ彦の女扱いの下手さが原因となったことになっている。

『万葉集』に多い南山背(代)の歌

ここまで書いてきて、南山背については泉川とよばれた木津川をはさんで東西に二つの道があったこと、木津川や巨椋湖での活発な水上交通、宇治や筒木（城）など歴史的にたびたび重要な役割を果たした土地をさらに探ってみる必要をおぼえるようになった。そのため史料や遺跡のさまざまな材料によって反復してなぞることにする。

前から気づいていることだが、『万葉集』には南山背で詠まれた歌が山背全域のなかではきわだって多く、五十首ほどある。今日の京都市域の北山背、向日市や長岡京市などの西山背にくらべると段トツに多いのである。

このように南山背の歌が多いことについては、後でも述べるように、一世を風靡した歌人である柿本人麻呂が南山背の久世あたりに宿泊の便をもつ場所があって、それが南山背の歌の多い一つの原因と推定される。このことには人麻呂の近江への旅のときに久世をへて行ったこととも関係しているとみられる。それに加えて南山背に勢力をはっていた和爾《わに》(珥)氏（これについては後に述べる）と柿本氏が同族だったことも関係があるとみてよかろう。

印象からいうと、人麻呂は南山背では木津川右岸の道沿いの土地で詠《よ》んだ歌が多い。この道は近世には大和街道とよばれたように、大和との関係は深い。

『万葉集』巻六と巻九の人麻呂の歌、とくに久世のこと

泉河の辺で作った歌（一六九五と一七〇八）、泉川とは木津川の古い地名である。古代・中世には巨椋《おぐら》湖に流入していた名木川（宇治市広野にある。那紀とも表記する）の歌（一六九六～一六九八までの三首）、宇治河で詠んだ二首の歌（一六九九と一七〇〇）、ここでの前詞が「宇治河」としているることについては後に再度ふれるであろう。二首のうちの一首（一六九九）は宇治河で詠んだとされるのに、「巨椋の入江」（ここでは巨椋湖のこと）がでていて当時の地形を知る手がかりになる。

巨椋《おおくら》の　入江響《とよ》むなり　射目人《いめびと》の　伏見が田井に　雁渡るらし

この歌は宇治川が巨椋湖に流入するあたりでの雁が音をたてて（響ませて）渡る情景とみられる。巨椋は古代には〃おおくら〃とよんだようで、今も宇治市に小倉の地名がのこるのはその名残とみられる。射目《いめ》とは伏見にかかる枕詞かといわれているが、語源は不明である。『播磨国風土記』揖保郡伊刀嶋の項に、品太《ほむだ》天皇（応神）の率いた狩人として射目人がでている。伏見が雄略一七年にでている「山背国の俯見村」と同じかどうか、さらに今のどこを指すかなど検討がいる。これは宿題にして先を急ごう。

つぎの歌は、南山背での人麻呂を考えるときに重要である。「鷺坂で作る歌一首」（一七〇七）

久世神社のほとりにある鷺坂とその石柱

であるが、歌の初めに「山代　久世の鷺坂」とあるため、鷺坂《さぎ》が山代（背）の久世にあったことがわかる。

山代　久世の鷺坂　神代より　春ははりつつ
秋は散りけり

今日の城陽市久世に鷺坂があったことがわかるが、久世は木津川右岸の道ぞいにある一つの要《かなめ》的な土地であった。人麻呂は一六八七と一六九四にも鷺坂山を詠んでいる。このように久世の歌が多いことから、久世を人麻呂が旅の拠点にしていたとみてよかろう。よく知った土地であるから、人麻呂は「神代から」植物が春には芽ぶいたり、秋には葉の散ることをずっとつづけるその土地の古い歴史をいわんとしたのであろう。

人麻呂の歌にはさらに久世の歌がある（二三六二）。この歌では二ヶ所に山背の地名がでるがどちらも「開木代」の表記にしている。

開木代については井手至氏の〝山を開くための場所、つまり伐材、採薪などの山仕事をするのに適した土地〟という解釈を紹介したことがある（『洛東の巻』）。人麻呂が久世で開木代の国名表

大久保駅
新田駅
御園神社
久津川駅
丸塚古墳
平川車塚古墳
芝ヶ原古墳
正道遺跡
木津川
久世神社
城陽駅
寺田駅
久津川IC
森山遺跡
水主神社
樺井月神社
富野荘駅
長池駅
大住車塚古墳
田辺北IC
大住
松井ケ丘
近鉄京都線
大住駅
江町遺跡
京田辺駅
山城青谷駅
一休寺（報恩庵）
新田辺駅
山城大橋
山城多賀駅
神奈比寺
高神社
法泉寺
甘南備山
田辺西IC
同志社大学駅前
飯岡
井手町
神南備神社
興戸駅
天神山遺跡
同志社女子大
同志社国際中高
山本
井手（提）寺跡
玉水橋
玉水駅
同志社大学
JR三山木駅
三山木駅
観音寺
三山木廃寺
近鉄宮津駅
綺田
綺原神社
蟹満寺
大狛駅
狛田駅
湧出宮
精華下狛IC
棚倉駅

記を使っていることも、久世が神代からつづく土地という意識があったことと関係があるのだろう。

開木代《やましろ》(の)　来背(久世)の若子(が)　欲《ほ》しという
われあふさわに　吾を欲しという　開木代来背(久世)

言葉の使い方の難しい個所のある歌だが、いずれにしても久世にはたくましい若子(者)がいて、女たちの憧れの的になっていたらしい。そのたくましさは山仕事という労働がもたらした、とみるのは深読みにすぎるだろうか。

人麻呂は別にも久世を詠んでいる(一二八六)。

開木代(の)　来背(久世)社(の)　草な手折りそ
わが時(と)　立ち栄ゆとも　草な手折りそ

ここでも久世には山代としないで開木代としている。城陽市久世の芝ケ原には久世神社があり、本殿は室町中期の建物である。式内社になっているような社ではないが、久世にあるので人麻呂は参詣したのであろう。

久世神社の境内には、奈良時代に建てられた瓦積基壇をのこす久世廃寺がある。南山背の八世紀の大伽藍の一つである。南山背には全域に、八世紀にはあったことのわかる寺院址が点在し、その数の多さは山背全域のなかでは突出している。

建物遺構は奈良時代のものだが、出土する瓦のなかには飛鳥時代のものがあり、この瓦の時期に寺の創建が求められるならば、久世郡内では最古の寺があったとみられる。至近の地に、後で述べる久世郡衙の跡とみられる正道郡衙遺跡があることから、郡司が創建した郡の寺とみられる。この寺は久世寺といわれた可能性が強い。おそらく郡の寺と関連したのが来世（久世）社と考えられる。

久世神社の本殿（久世廃寺も隣接地にある）

南島の貝を模した芝ケ原古墳の銅釧

久世に芝ケ原一二号墳がある。山背でもずば抜けて年代のさかのぼる古墳である。長方形の台状の墳丘をもち方墳とみてよかろう（前方後方墳とみる説もある）。埋葬は木棺直葬とみられ、四獣形鏡一面、貝輪を模したとみられる二個の銅釧《くしろ》、硬玉ヒスイの勾玉八個、碧玉製管玉一八七個、ガラス製の小玉一二七六個、鉄製の鉇《やりがんな》と鉄器の錐か針などの鉄器が副葬されていた。棺を納めたあとの墓壙（墓穴）の上部に破砕された古式土師器（壺四個分と高坏一個分）が検出された。このような埋葬儀礼は、岡山県の楯築《たてつき》墳丘墓や奈良県の櫛山《くしやま》古墳の後方突出部にもみられる。

貝輪を模したこれらの銅釧は、九州の弥生人が珍重

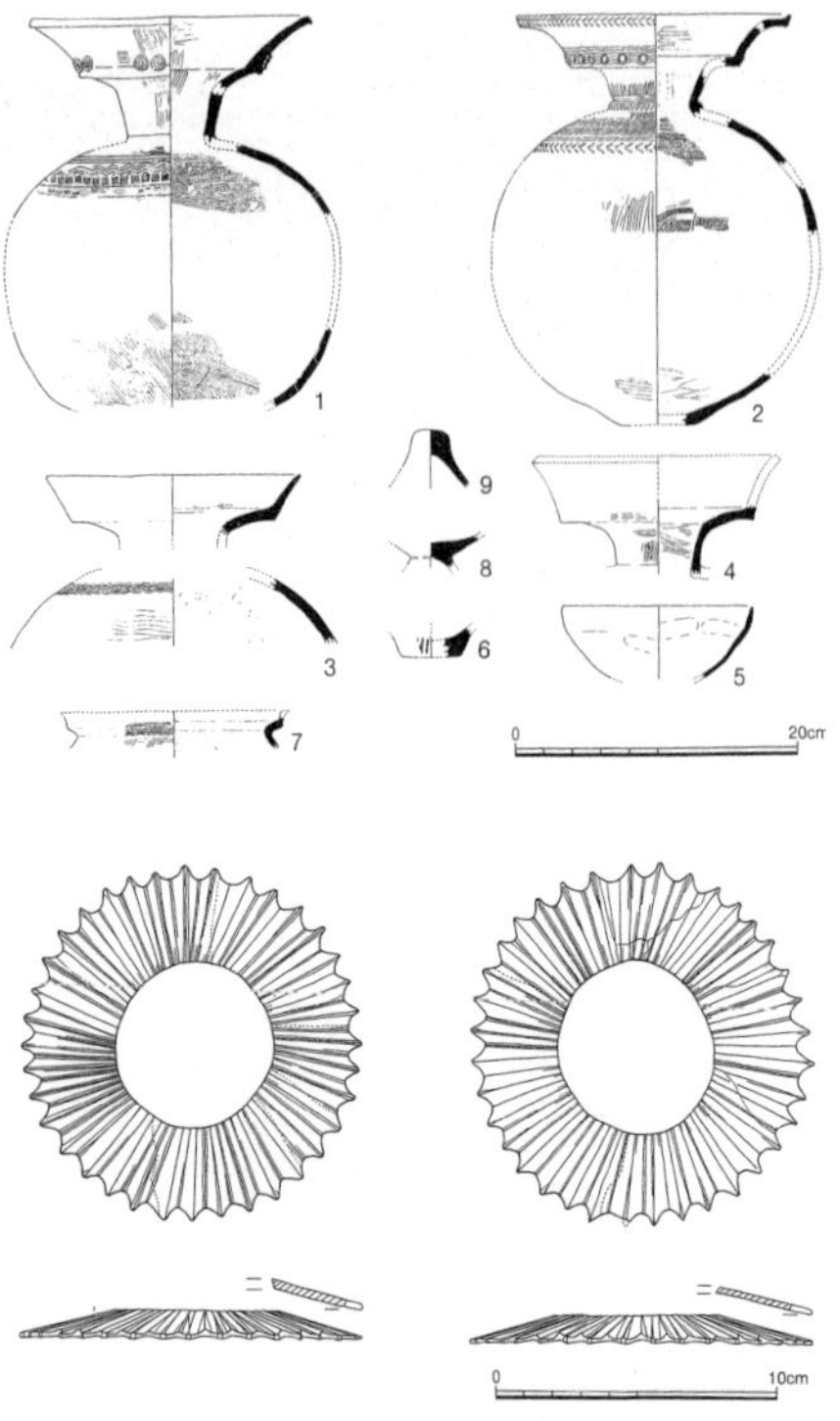

芝ヶ原12号墳の出土遺物

墓壙内の古式土師器（上）、オオツタノハを模した銅釧（下）（いずれも『城陽市史』第3巻）

した南島産のオオツタノハ製の貝輪を銅で鋳造したものである。南島でのオオツタノハは、九州の弥生人が珍重したゴホウラやイモ貝の捕れる沖縄本島よりは北東にあるトカラ諸島に産する。

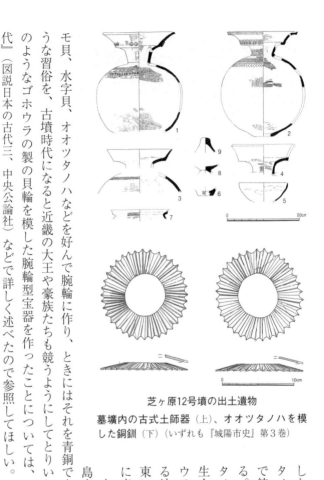

九州の弥生人は南島産のゴホウラ、イモ貝、水字貝、オオツタノハなどを好んで腕輪に作り、ときにはそれを青銅でも作った。このような習俗を、古墳時代になると近畿の大王や豪族たちも競うようにしてとりいれ、碧玉で鍬形石のようなゴホウラの製の貝輪を模した腕輪型宝器を作ったことについては、『コメと金属の時代』（図説日本の古代三、中央公論社）などで詳しく述べたので参照してほしい。

人麻呂が久世を神代からの地としたのは、芝ケ原一二号墳のことを人麻呂が知っていたわけではもちろんないにしても、近畿の初現期の古墳文化のあらわれる土地であることと無関係ではなかろう。

出土の四獣形文鏡は一見、類例の多い仿製の四獣鏡のように見えるが、出土して間もなく実物を拝見したとき、浮き出た四獣の主文様とは別に、鏡背面に細い線で文様が鋳出されていることを知り、その精巧な技術に驚いたことがある。それもあって、普通の四獣鏡と区別して四獣文鏡の言葉が使われているのであろう。なお出土の錐もしくは針とみられる小さな鉄器は、弥生人の習俗であった入墨をほどこすための刺突具の可能性がある。『魏志』倭人伝によっても倭人が入墨の習俗をもっていたし、六世紀ごろまでの人物埴輪にも入墨の見られることがある（南山城の京田辺市の堀切七号墳など）。

久世の北方に分布する山麓に築かれた西山古墳群と、平地に築かれた久津川古墳群（平川古墳群ともいう）は、南山城でも屈指の古墳群である。とくに五世紀に築かれた久津川（平川）車塚は、作り山としては南山城でも最大土量の前方後円墳で、ぼくは南山背の和爾氏の族長の奥都城《おくつき》とみている。これについては先で一項目を設けて説明する。

人麻呂が久世に滞在したときにも、久津川車塚はいやおうなしに視界にはいり、ぼくが推測するように和爾氏が築いた古墳であれば、同族の先祖の墓ということもあって、人麻呂をして久世が「神代より」の土地を意識させたことに関係しているかもしれない。

大伴家持は、
大伴の　遠つ神祖《かんおや》の　奥津城は　しるく標立て　人の知るべく（四〇九六）

の歌で先祖の古墳とみられる奥津城（大阪市の帝塚山古墳か）を詠んでいる。地上に聳える墳丘は、奈良時代の人たちにとっても先祖の存在を意識させたのであろう。

人麻呂が泊まったと推定される正道郡衙

木津川右岸の道のすぐ東に久世廃寺や久世神社が面しており、さらにその南東至近の地に久世郡衙跡《ぐんがあと》と推定される正道《しょうどう》遺跡がある。これらの寺や神社、さらに官衙を取りまくようにして久津川古墳群、西山古墳群、芝ケ原古墳群がある。これらの古墳群についても後でも一項目を設けて説明するが、嵯峨野古墳群のように、七世紀まで年代の下る顕著な古墳はまだ知られていない。

正道遺跡は調査が進展するとともに、久世郡衙跡と推定されるようになり、国から史跡指定をうけて保存されている。ＪＲ奈良線の城陽駅の北東約八〇〇メートルの高台にある。

この遺跡は四期にわたって変遷したとみられ、まず六世紀末から七世紀初頭に集落が形成されだし、竪穴住居址のなかに大きな規模のものがあるので豪族居館を混じえた集落とみられる（第一期）。

七世紀後半になると官衙的な掘立柱の建物群ができそのなかには五棟の倉庫址もある（第二期）。これらの建物が廃絶したあとに再び竪穴住居が建てられる（第三期）。八世紀に入ると整然と配置された大型の掘立柱建物群があらわれる（第四期）。人麻呂が利用した可能性のあるのは第二期の建物であろうか。この時期には官衙とはいえなお豪族居館の伝統がのこされていたとみられる。このような点については、さらに細かく検討する必要がある。

筒木から宇治の渡をこえ近江への歌

人麻呂は木津川右岸の道をよく利用したらしく、その沿道の風景を多くの歌に詠んでいる。人麻呂は久世で宿泊したようで、そこから近江へ行ったようである。

作者は不明だが木津川左岸の道を通って（おそらく巨椋湖を舟で渡って）宇治にいたり、あとは陸路をとおり、木幡や山科《やましな》をへて近江へ向かったことを物語る歌が『万葉集』にでている。

そらみつ　倭国《やまとのくに》　青丹吉《あをによし》　寧山（奈良山）越て　山代の　管木（筒木）の原　ちはやぶる
于遅（宇治）の渡　瀧つ屋の　阿後尼《あごね》の原を　千歳に　闕《か》くる事なく　万歳《よろづよ》に　あり通《かよ》はむと
山科の　石田の社の　すめ（須馬）神に　奴左《ぬさ》（幣）取り向けて　吾は越えゆく　相坂山《あふさかやま》を
（三二三六）

ヤマトから山代との国境にある奈良山を越えて（相楽を通り）、木津川左岸の道で管木の原をこえ（おそらく巨椋湖を舟で横断し）宇治につき、宇治の渡で宇治川を渡り、東岸の瀧（隴、岡か）つ屋の阿後尼の原にでた。

『山背国風土記』逸文に「宇治瀧津屋は祓戸なり」とあり、禊《みそぎ》をする場所だったと推定される。この歌の作者もおそらく禊をしたのであろう。

山科の石田《いわた》の社とは、『延喜式』神名帳の宇治郡十座のうちの天穂日命《あめのほひのみこと》神社とみられる。石田社の神を〝須馬神《すめがみ》〟とよんだことについては、天穂日命とは天照大神とスサノヲとの誓約で誕生した神で、皇神とよばれたのであろう。ただし出雲の大巳貴神《おおなむちのかみ》とも関係があった。石田神社は今は伏見区石田森西にあるが、山科への古道ぞいにあるので、近江へと旅した作者が詣《まい》ったのは自然である。そのあと近江と山背との国境の相（逢）坂山を越すための覚悟を歌にこめている。

今述べた歌と同じ作者が詠んだと推定される歌が、すぐつぎにでている（三一二三七）。奈良山、宇治川、つぎに相坂山を越して近江へ行く決心を述べた歌だが、宇治川の表記を「氏川」にしている。これについては宇治川をもう一度扱うときに、その重要性を指摘するであろう。

この歌では筒城（木）を「管木の原」としていて、奈良時代には筒城は原のひろがる土地とみられやすい。ただしこれは文学的表現とみられ、すぐ後でも瀧つ屋の阿後尼の原がでている。筒城や宇治川の渡のある東岸が早く開けた土地であることは、いずれ述べるであろう。文学的に使われた言葉から歴史にせまるには注意がいる。瀧つ屋の瀧の字は隴《おか》つ屋の誤記とみて、津でもあり陸路の要衝でもあった岡屋とみる説があり、ぼくも賛成である。

宇治川と合戦 その一

誉田《ほんだ》天皇の漢風諡号は応神天皇であり、即位までは誉田別《ほんだわけ》（品陀和気）皇子である。父はタラシナカツ彦、つまり仲哀天皇、母は神功皇后だが、出生に至るまでが神秘のベールに包まれている。

父の仲哀は、長いあいだ長門や筑紫にいたが、熊襲との戦いのなかで筑紫の橿日宮《かしひのみや》で奇怪な死をとげた。このことについては「タラシナカツ彦の死をめぐって」（『記紀の考古学』所収）で書いたのでここではふれない。

タラシナカツ彦の死のあと、神功はお腹に誉田天皇を宿しながら海を渡って新羅を討った。そのあと九州に戻って、誉田天皇を出産した。神功は重臣武内宿禰に皇子を懐《いだ》かせ、南海（高知の太平洋岸）から紀伊水門《みなと》へついた。紀伊水門は今日の和歌山市の紀の川の河口近く（右岸か）にあった、とみられる。

神功は九州から瀬戸内海ぞいに、難波をめざして進んできた。ところが務古水門《むこのみなと》までくると船が進まなくなった。務古は今日の武庫のこと、尼崎と西宮の境を流れる武庫川の河口（おそらく左岸）にあった港であろう。尼崎の語源は海人《あま》の崎とみられるように、古代や中世には漁民が多く、航海上の基地でもあった。

神功の舟が務古で立往生したとき、天照大神があらわれて、つぎのように告げた。

『播磨国風土記』賀毛郡の猪養野《いかいの》の条に、〝仁徳天皇のときに日向の肥人《くまびと》朝戸君が天照大神を祀る舟に猪をもってきた〟という。この記事から、このような場合の天照大神とは伊勢に祀る天照ではなく、天皇の移動とともに祀る天照のこととみられ、神功の船団にも天照を祠る船があったとみられる。おそらく、その船に乗っていた巫女の口から出た言葉であろう。

その言葉とは、〝吾を長田国に祠れ〟ということが一つ。長田国のこの記事にあたるのは、神戸市の長田神社（式内社）のことであろう。

天照の言葉のもう一つは、〝表筒男《うわつつお》、中筒男、底筒男の三神の和魂《にぎみたま》を大津の渟中倉《ぬなくら》の長峡《ながお》に居さしめ、往来の船を看《みそな》わん〟ということである。

ぼくは堺市から大阪市の住吉にかけての海岸ぞいに南北に長く延びる帯状の潟があり、この地形を渟中倉《ぬなくら》の長峡《ながお》といったとみているし、その潟の北岸近くに鎮座するのが大阪市の住吉大社である。住吉は墨江《すみのえ》とも書き、住吉津があったし、長狭の南よりには仮称堺津があって、大津ともいうことがあったのであろう（『巨大古墳』草思社）。

住吉神社は筑前国那珂郡の住吉神社（式内社）から東へ移ってきたらしく、この社の神田への水を引くため、神功が裂田溝《さくたのうなで》を掘ったことについては「大酒神社の古名は大辟神社」（『京都の歴史を足元からさぐる　嵯峨・嵐山・花園・松尾の巻』所収）でふれた。

神功の軍勢が東進してくるのを聞き、応神の異母兄弟の麛坂王《かごさか》と忍熊王《おしくま》が神功軍を迎え撃つことにし、まず播磨の赤石（明石）に仲哀の山陵を作るといって砦にした。神戸市と明石市の境にある垂水の五色塚古墳のこととみられる。なおこの戦争にさいして、和気清麻呂の先祖が針間（播磨）と吉備の境で戦功をたてた話（『新撰姓氏録』「右京皇別」）があるので、近江や摂津、山代などの兵士からなる麛坂王《かごさか》と忍熊王《おしくま》の兵士の出兵先、つまり戦いの及んだ範囲の見当がつく。この戦にさいして麛坂王らは摂津の菟餓野《とがの》で祈狩《うけいがり》をし、麛坂王は猪のために命を落とした。祈狩《うけいがり》で凶とでたけれども、忍熊王は戦った。決戦は菟道河《うじがわ》をはさんでおこなわれた。神功軍には山代や摂津に力をもっていた和珥臣武振熊《わにのおみたけふるくま》が加勢していた。神功軍は河の北に屯《たむろ》したという。このことは後に和珥氏の根拠地が木幡にあったと述べるけれども、それとは矛盾しない。

忍熊王側の先鋒は熊之凝《くまのこり》で、葛野城首《かどのきのおびと》の祖とも多呉吉師の遠祖とも註記されている。葛野は京都市西部の広い地名、その下の「城」とは紀伊郡（古くは紀郡とも）あたりかと考えられ、律令時代の葛野郡よりも広かったようである。多呉吉師は北陸（越中）の豪族かとも推定され、もしそうであれば忍熊王の力が越の一部にも及んでいたことになる。このほか忍熊王側には北近江の犬上君の祖、倉見別《くらみのわけ》吉部《きし》の祖、五十狭茅《いさち》宿禰も加勢していた。

神功軍は武内宿禰の計略（記では建振熊の計略）によって勝利をおさめた。この戦は宇治川をはさんだもので、中王朝（河内王朝ともいう）の始まりといわれる応神の政権がこれによって誕生する、記念すべき土地なのである。

敗れた忍熊軍は逢坂から近江へ逃げ、今日の大津市にあったとみられる栗林で多くが斬られたという。最後に忍熊王と五十狭茅宿禰もともに瀬田の濟《わたり》で水死（自殺か）し、数日して屍が菟道河まで流れた。それをみて武内宿禰は歌を詠んだ。

淡海の海　瀬田の濟《わたり》に　潜《かづ》く鳥　田上《たなかみ》過ぎて　菟道《うじ》に捕えつ

田上は石山寺の対岸あたり、鵜飼のいた史料のある土地である。また田上山は、奈良時代には材木の産地として知られていた。

胎中の帝(応神)と角鹿《つぬが》

宇治川での戦に勝利してから一三年がたったとき、少年になっていた皇太子の誉田別《ほんだわけ》（記では品陀和気）皇子は、武内宿禰に連れられて禊《みそぎ》をする目的で、越前（高志の前）角鹿（敦賀）にある笥飯《けひ》（気比）大神に詣った。今までにも越との関係を示す史料をとりあげたが、ここでも越の重要性がよく物語られている。

記ではその地の〝伊奢沙和気《いささわけ》大神と皇子が名を取り易えた〟夢をみた。その翌朝に神の教えのとおりに浜へでると、鼻の傷ついた入鹿魚《いるか》がいた。これは神のくれた御食《みけ》の魚《な》ということで、その神を御食津《みつけ》大神というようにした。これが気比の大神である。さらに入鹿魚《いるか》の鼻の血がくさかったので、その浦を血浦といったのが今の都奴賀《つぬが》、つまり敦賀だといっている。

以上、越の敦賀にある気比での応神の行動は、日本海に臨んだこの地の重要さがよく示されている。

応神の父の仲哀も、九州への遠征のまえに角鹿へ行っている。そこでの行宮《あんぐう》の名が笥飯《けひ》であるから、気比神社の社名にもみられる笥飯は地名だったのであろう。

応神天皇は普通の漢風諡号と違って、記紀の成立前にすでに天皇といわれるようになっていた。胎中誉田天皇（継体紀六年十二月の条）と胎中之帝（宣化紀元年五月の条）である。どちらの称号にも胎中とあるのは、母の神功のお腹のなかにいたときに、朝鮮半島にも行ったことがあるという意味である。さらに住吉の神（この場合、どこの住吉の神か不明）から、いずれ天皇になることと、朝鮮半島の南西地域での諸権限を保証されたのである。

諸権限とは、新羅の国王は天皇のため馬甘《うまかい》となり毎年馬を船で送ることと、百済は渡の屯倉《みやけ》（基地・拠点）を定めたのであって、漠然とした国土の領有ではない。

朝鮮半島の南西部は倭国から中国へ行くために、水や食糧を補充できる土地、さらに通訳（日佐）や水先案内人的な水夫の居住するところが必要であった。近年、朝鮮半島の各地に五〜六世紀ごろの前方後円墳の存在が見つかり、さらにその時期の倭人が関係したとみられる祭祀遺跡（竹幕洞遺跡）が発見されるなど、応神の時代より少し下ったころから倭国と中国をつなぐ航海上の拠点のあったことが明らかになった。日本国内でも交易の拠点を屯倉とよんだ例はいくつもあるから、ぼくは屯倉のなかには交易や貿易の拠点にもその言葉が使われている、とみている。

応神の后妃たち

即位してからの品陀和気は、軽島《かるしま》の明宮《あけのみや》にいた。この明宮をヤマトの軽にあったとみる説がある。しかしこの明宮がヤマトにあったとは書かれていない。それに軽ではなく軽島である。紀には「天皇、明宮に崩ず」とあり、その分註として「一に云わく大隅宮に崩ず」とある。

大隅宮は今日の大阪市東淀川区大道にあったとみられ、大隅神社が鎮座している。大隅宮の大隅は安閑紀に大隅島があったとする土地と同じであろう。紀のこの個所では「牛を難波《なにわ》の大隅島と媛島松原に放ち、ねがわくば名を垂れん」とあるように、牛を飼うこと、その牛から乳をしぼって乳製品を作ることで、後世に名を伝えようとしたのであろう。この牛乳は食品というより薬の役割をもっていた。これについては「牛乳」（『続食の体験文化史』）で書いたことがある。

安閑紀の大隅島の記事で、難波にはほかにも姫島があったことがわかる。江戸時代以前の難波には八十島《やそじま》、つまり多くの島が散在していた。ところが淀川や大和川から流れてくる土砂が、それらの島々の周辺や上町《うえまち》台地近辺に堆積して陸地を形成していった。このような陸化が活発となるのは、縄文時代晩期か弥生時代前期以降である。この過程を古代人は神（自然）の力によるとみて、天皇の代が替り新しい天皇となった翌年に、難波おそらく淀川の河口近くで八十島祭がおこなわれた。『日本書紀』では欽明天皇が即位の翌年（五四二）に難波祝津宮《はふりつのみや》に行幸している。祝《はふり》とは祭のことで、八十島祭の古い例とみる。

このように難波の地、つまり八十島のあった土地はヤマト政権にとって重要な聖地で、その土地を「生《なり》」の郡とよんだ理由もわかる。律令時代には東成（生）と西成（生）の二つの郡となっていた（「八十島祭と二つの「生」郡」と「長屋王木簡と大八洲の祭祀」『古代史おさらい帖』所収）。
大隅島は淀川のもたらす土砂によって上町《うえまち》台地につづく地に変貌していたが、もとは淀川の河口近くにあって、水上交通の要地でもあった。この伝統は八世紀以降にものこり、もと大隅島だった至近の地が「江口」として淀川水運にとっての要地だった。

応神の皇后は仲（中）日売（仲姫）であった。仲日売の父は河内の品陀真若王で、応神と仲日売のあいだに生まれたうちの一人が大雀《おおさざき》（仁徳）である。少しあとのことになるが、応神は死後に河内の誉田《こんだ》の陵に葬られた。ぼくは誉田山《こんだやま》古墳とよんでいる。死後に陵が妻の実家の勢力範囲内に営まれたことから、応神が河内の豪族に入婿の形で勢力を築いたとみられる。

応神は仲姫のほかにも妃は多く、高木（城）入日売とのあいだの子の一人がのちにとりあげる大山守命である。さらに和珥氏の祖の日觸使主《ひふれのおみ》の娘の宮主宅姫《みやぬしやかひめ》とのあいだの子が菟道稚郎子《うじのわきいらつこ》皇子と矢田皇女（他は略す）である。

ここでの話は、記と紀では粗筋《あらすじ》と登場する人名はほぼ一致している。ただし人名の表記は記紀では異なることがある。

多くの応神の子のうちの一人の宇遅《うじ》（菟道）能和気郎子《のわきいらつこ》は皇太子となり、つぎの天皇候補となった。

古代には重要な人物だったらしく、記には応神の宅姫への求愛物語を細かく記している。

ある時、応神は近江へ向おうとして途中の宇遅野の上《かみ》に立った。そこで葛野《かどの》のほうを眺めて歌を詠んだ。

千葉の　葛野を見れば　百千足《ももち》る　家庭《やにわ》も見ゆ　国の秀《ほ》も見ゆ

これは葛野（律令時代の葛野郡の範囲より南東に広がっていただろう）を讃《ほ》めた国見歌とみられ、ぼくは秦人《はた》の多い葛野を、憧れをこめて詠んだとみている。普通の国見歌というより羨望の歌であろう。なおこのような眺望は久世から広野をすぎ、宇治へ向う長坂道がふさわしくおもう。万葉学者の土橋寛《つちはしゆたか》氏（故人）は、この歌を国見歌とみて丸邇《わに》氏の繁栄を讃めた歌とみておられる（古代歌謡全注釈『古事記』）。

土橋さんが考えたように、この応神の歌は山背の和爾氏の居住地を見て作った可能性はあるが、年代の問題を別にすると、ぼくは秦氏を詠んだとしたほうが解きやすい。これについては『嵯峨・嵐山・花園・松尾の巻』でもふれた。

応神はこの歌を詠んだあと、木幡《こはた》村についた。記紀などで「村」が使われている土地は一般的な農村ではなく、地域にとって交通と産業、物資の集散などでの重要な土地であり、『魏志』倭人伝で国邑《こくゆう》としている土地に通じるとみている（「ムラと村について」『山野河海の列島史』所収）。邑《むら》と村は、近現代風にはマチとよばれるような土地に通じるものがあり、「倭人伝」のいう国邑は、小都市としてよいほどの土地をいっているのである。木幡の北方の山科も平安時代には村をつけてよばれていた（『洛北・上京・山科の巻』）。

木幡の和爾氏と宅姫

応神が木幡《こはた》村にきたとき、麗にして美なる嬢子《おとめ》に会った。そこは村のなかの道衢《ちまた》だった。衢は一字で書くのが普通だが、意味は道の分岐点、マチの中心となるところであった。

応神はたずねた。〃あなたは誰の子か〃　娘は、〃丸邇（和爾《わに》）の比布礼《ひふれ》の意富美《おほみ》（日觸使主）の娘で名は宮主《みやぬし》矢河枝《やかわえ》比売《ひめ》と申します〃と答えた。宅姫のことである。宮主とは有力な氏の巫女のなかの筆頭の人である。応神は、〃明日還るときにあなたの家に寄ります〃といって（近江のほうへ）去って行った。

宅姫は家に帰るとこのことを父に告げた。父は〃その人は天皇に違いない。わが子よ、よく仕え参れ〃といって家を厳かに餝《かざ》って待つことにした。いうまでもなく男を家に入れて仕えるということには、その男の妻となることの承諾を意味していたのである。

ここで思い出すことがある。平安前期ごろの歌謡を集めた『催馬楽《さいばら》』に、大君の来ることを願った「我家」と題する歌がある。

わいへんは　とばり帳をもた(垂)れたるを　大君来ませ　むこにせん　御肴《おさかな》に何よけん
あはび　さだえか　かせよけん　あはび　さだえか　かせよけん

ここでは〃わが家では（部屋の内部を）とばり帳を垂らして仕切ったたし、あわび、さざえ、かせなど酒の肴も準備してお待ちしています〃ということである。かせ（がぜ）はウニのことで、今日でもバフンウニのことをマグソカゼという土地がある。馬糞の形からついた言葉である。

翌日に応神は和爾の日觸《ひふれ》使主の家へ行った。饗宴では宅姫が大きな酒盞《さかづき》をもって接待した。そのとき天皇はつぎの有名な長歌を詠《よ》んだ。

この蟹《かに》や　何処《いずく》の蟹　百伝う　角鹿の蟹

で歌が始まっている。今日でも敦賀のマツバガニ（メスはセイコガニ）は人々の垂涎の的であるが、この歌にも古代から木幡が近畿と日本海地域を結んでいたことが示されている。

応神の歌では、角鹿の蟹が佐佐那美（楽波）路、つまり近江の道、しかも琵琶湖西岸の道を通って木幡の道まできて出会った娘が、今お化粧をして自分の近くにいてくれているという大意であろう。主語が蟹と自分とを重複させながら展開する。この夜、二人が御合《みあい》して生まれたのが宇《う》遅能和紀郎子《じのわきいらつこ》である。紀では菟道稚郎子皇子としている。

宇治王朝と大山守の反乱

前にもふれたことだが、古代の有力な家の男が女の家に通い、生まれた子は母方の家で養育されて成人となり、実家の氏名とか地名を名乗ったとみられることが多い。菟道稚郎子が地名の宇治を冠していることや、後に述べるように宇治に住んでいたとみてよい史料もあるから、山背の大豪族である和爾氏への入婿に近い存在でもあった。

応神と宅姫とが夫婦となった経緯に似た話がある。平安時代の藤原高藤と宇治郡の大領、宮道《みやじ》弥益《いやます》の娘の列子とが父の家で結ばれた。そのことで誕生したのが胤子《いんし》である。胤子は宇多天皇の女御《にょうご》となり、生まれたのがのちの醍醐天皇である（『洛北・上京・山科の巻』）。

菟道稚郎子は皇太子となり、百済王が派遣してきた阿直岐《あちき》から経典（儒教の書物）を習った。今日の帝王学であろう。しかし太子の知識のレベルが高かったため、阿直岐は自分よりも勝れた学者として王仁《わに》を推薦した。来日した王仁は太子の師となった。王仁の子孫が書《ふみ》(文)氏《うじ》である。

書氏は河内の古市を拠点として活躍した（なお王仁の墓と伝える場所は枚方市にもある）。

紀では応神の晩年に稚郎子を太子としていただけでなく、異母兄弟の大鷦鷯《おおさざき》（のちの仁徳、以下オオサザキとする）を太子の補佐とし、大山守には山川林野のことを所管させた。大山守の主な地盤はヤマトの南東部だった。やがて応神は大隅宮で亡くなり、紀の記載では帝位に空白ができた。

ヤマトにいた大山守は皇位をねらって太子を殺そうとして、ヤマトから南山背に攻めこんできた。このことを知ったオオサザキは密《ひそ》かに稚郎子に知らせた。

大山守の率いる数百の兵士が菟道河の南岸につき、川を渡ろうとした。太子は布袍《あさのほう》（粗末な着物）をまとい檝《か》櫓をとって度子《わたしもり》にまじって大山守を舟にのせた。舟が川の中ほどに来たとき舟を傾けて大山守を川に堕《お》とした。

この戦では宇治川にはまだ橋はなく度子《わたしもり》が対岸まで人々を渡していた。紀では大山守の水死体は考羅済《かわらのわたし》まで流れたという。この土地を京田辺市の河原にあてることが吉田東伍の『大日本地名辞書』以来通説化しているが、それでは水流と逆になり屍が上流に流れてきたことになる。

『和名抄』には山城国綴喜郡に甲作郷がある。後に南山背の武埴安彦《たけはにやすひこ》の戦について述べるときにもふれるが、敗れた武埴安彦軍が逃げる途中で甲《かわら》を脱いだ土地を伽和羅《かわら》といっている。この伽和羅についても京田辺市の河原とする註をつける人がいる。どちらも地理的感覚の鋭くない人のつけた註である。さらに古代には甲に「カワラ」の発音があったのだから、巨椋の湖水の西への出口近くに考羅（伽和羅）の地を求めたらよかろう。

『和名抄』が綴喜郡甲作郷としている場所は八幡市志水町神原《かんはら》とその周辺で、武埴安彦軍が樟《くす》葉《は》へ逃げるときにこの地名があらわれることや、宇治で水死した大山守の屍が流れつくのも自然である。

大山守の屍は記紀ともに〃那羅山に葬る〃とある。今日では那羅山墓として奈良市法蓮町にある円墳が指定されている。円墳ではなく、他の前方後円墳を調べなおす必要があるだろう。

大山守がこの世から消えると、太子になっていた稚郎子と難波にいたオオサザギが併立または対立した。ことによると稚郎子はすでに即位していたことも考えられる。

『播磨国風土記』揖保郡の「上筥岡《かみはこおか》・下筥岡・魚戸津・朸田《おおこた》」の項の書き出しは「宇治天皇の世」としている。この風土記では年代の目安として「品陀《ほんだ》天皇の世」（応神）とか「近江天皇の世」（天智）あるいは「難波高津《なにわたかつ》天皇の世」（仁徳）などが多用されていて、古代には稚郎子が短期間でも天皇だったとする伝えがあったとみられる。

風土記のこの個所は、宇治連《むらじ》らの遠祖の兄太加奈志《えたかなし》と弟太加奈志《おとたかなし》の二人が登場するから、信用度の高い家伝によったとみられる。短期間でも宇治王朝があったという見方は、このような史料をみる限り不思議ではない。

宇治稚郎子の死と伝承など

応神の死のあとのあるとき、ある土地の海人《あま》が鮮魚の苞苴《つと》を菟道宮に献上にいくと太子は「我、天皇に非ず」として受け取らない。苞苴いりの魚とは今日でもサケやサバではよく見かける。

魚をいわれるままに難波へとどけたが、オオサザギは受け取らず菟道へもっていかせた。この

宇治川のほとりの岡の上にある宇治丸山古墳（菟道稚郎子皇子の墓）

ようなことを繰り返すうちに魚はいたんでしまい海人を困らせた。

この事件のあと稚郎子は自ら命を絶ってしまった。オオサザキは難波から菟道宮にかけつけたが死後三日たっていた。稚郎子を菟道の山上に葬った。

記ではたんに「早崩《はやくほうず》」と書いている。大山守と稚郎子の死によって、オオサザキの政権は強固となった。応神に始まる中王朝は基盤を確立したのである。

『延喜式』「諸陵寮」の項に「宇治墓　菟道稚郎皇子。山城国宇治郡にある。兆域東西十二町。南北十二町。守戸三烟」とあって、平安時代前期には墓のあったことがわかる。

今日の宇治墓は宇治川の右岸の小さな岡の上に築かれていて、宇治渡や宇治津を見下ろす位置にある。墳形は前方後円墳で規模は八〇メートル弱である。明治二二年（一八八九）に正式に宇治墓に指定され、そのときに墳丘をこしらえたとする見方もあるが、図面で検討すると、近代になっての造作とはおもえない。ぼくは宇治墓でよいように考える。考古学的な遺跡名として宇治丸山古墳でよかろう。

承和七年（八四〇）五月に淳和上皇が死んだとき、遺言通りに墓を造らず山中に散骨してよいかどうかの議論がおこった。そのとき中納言藤原朝臣吉野がつぎのように奏言した。

昔、宇治稚彦皇子は我朝の賢明なり。この皇子の遺教は自ら骨を散らししめ、後世之《これ》を效《なら》う。（『続日本後紀』）

稚郎子（稚彦は誤記）が散骨したという史料は他にないけれども、「我朝の賢明なり」として後世にも注目されていたのである。

菟道宮と『延喜式』神名帳の宇治神社

菟道宮は今日の宇治橋の少し上流の右岸、今日の宇治神社のあるあたりといわれている。

人麻呂は南山背の多くの歌を詠んだが宇治若郎子宮所の歌一首がある（一七九五）。

妹らがり　今木の嶺に　茂り立つ　嬬松《つままつ》の木は　古人見けむ

この歌は「宇治若郎子宮所」で詠《よ》んだとする前詞のある歌だから、ここでの古人とは稚郎子のことだろう。歌の内容はともかく、人麻呂も宇治若郎子を意識していたことがわかる。

『山城国風土記』逸文に、宇治について述べた一文がある。

「式内宇治神社」の石柱

　軽島豊明宮御宇天皇の子、宇治若郎子。桐原日桁宮《ひげたのみや》を造り宮室となす。御名によりて宇治と号く。本《もと》の名は許《こ》の国《くに》と曰う。

　この史料が古いもので使えるとすれば、もと宇治の周辺が許の国だったということになる。律令制下の行政区分では宇治郡の西に紀伊郡が隣接し、紀伊は二字表記となる前は紀一字であらわした（欽明即位前紀）。すでにしばしば使った木幡の地名も、『延喜式』神名帳では許波多神社と書くことから、許《こ》の国とは木の国であり、紀の国でもある。いまはこれ以上深入りはしないが、宇治にとっては記念すべき戦であった神功勢力と忍熊王勢力との戦にさいして、武内宿禰が幼い誉田別（のちの応神）を擁して九州から紀の国をへて山背入りをしたことども、どこかで関係しているかもしれない。日本海側の敦賀、大阪湾岸の難波、太平洋側の紀（紀伊）は、いずれも九州や大陸との重要な窓口だった。

　応神の子の宇治若郎子の菟道宮の別名が桐原日桁宮として、その跡地が宇治神社となったとする根強い伝承があったのである。

『延喜式』神名帳の山城国宇治郡十座の筆頭に「宇治神社二座」とある。二座あるという記載

宇治上神社本殿の覆屋

に対応するように、今日でも平等院と宇治神社が宇治川をへだてた東岸に、宇治上《うじがみ》神社と宇治神社が並んで鎮座している。明治維新以前は二社一体の社とし、宇治離宮明神（八幡宮）とよばれていた。宇治川からみると宇治上神社が高い位置（上）にあり、宇治神社が宇治下神社ということなのである。

宇治上神社も宇治神社も、神社としては稀な年代のさかのぼる社殿を伝えてきた。

日本最古の神社建築として知られる宇治上神社の本殿は、平安後期の建物であって、古い時代の神社建築を知るうえで貴重である。

宇治上神社を訪ねると、鎌倉時代に建てられた拝殿の奥に、これも鎌倉建築とみられる覆屋《おおいや》のなかに内殿三社が並んでいる。覆屋は亀岡市の愛宕神社の本殿でも見たが、宇治上神社の覆屋は桁行五間、梁間三間の堂々とした桧皮葺の建物である。そのなかに各々一

本殿内部の蟇股

間ほどの小ぢんまりとした社殿が三棟並んでいる。この様子は覆屋ごしに見ることができる。

とくに左右両殿の正面頭貫《かしらぬき》の上を飾る蟇股《かえるまた》は、図案として完成された端正な彫刻で、これを見るだけでも宇治を訪れる価値はある。

宇治上神社の摂社の春日神社も鎌倉時代の古建築である。これほど古い神社建築が集っているところは、全国的にみてもここだけである。宇治はたびたび合戦の舞台となったが、これらの建築は戦火をまぬがれてきた。

宇治神社の本殿は、宇治上神社の社殿より一〇〇メートルほど宇治川に近いところにある。三間社流造《やしろながれつくり》の桧皮葺《ひわだぶき》のどっしりとした鎌倉時代の建築で、宇治稚郎子と伝える神像が安置されているという。非公開で見たことはないが、平安時代後期の作と推定されている（『仏像集成』に写真がある）。

宇治上神社も宇治神社も以上のように古建築の社殿はあるが、祭神については諸説がある。先ほど述べたように『延喜式』には宇治神社二座とあって、本来は一神ずつを祠っていたとみられるが、平安後期の宇治上神社の社殿が三殿並んでいることから平安後期には祭神が増えていたようである。

『宇治市史』にもこの神社の祭神については苦心の記述がみられ、宇治若郎子と仁徳天皇、若郎子とその父の応神天皇や母の矢河枝比売、さらには忍熊皇子などをあげている。

ぼくは古代豪族の家での母の力の強さから、祭神は宇治若郎子とその母の矢河枝比売が主神となり、さらに父の応神天皇が加わったのではないかとみている。宇治若郎子を下社に祠っていたとすると、上社には矢河枝比売とその父の和爾日觸使主や応神天皇という組合せも候補となる。仁徳天皇や敗死した忍熊皇子を宇治に祠《まつ》る意味は、さほどは見出せない。

宇治神社の本殿

是川は宇治川と詠《よ》むこと

『万葉集』に宇治川や宇治渡がよく詠まれている。ここで注意したいのは同じ地名をめぐって、氏渡（三二四〇）、宇治河（一六九九）など異なる表記があることである。

巻第一一には宇治川の歌四首がでているが、地名の表記は「是川」で宇治川とする歌が三首（二四二七、二四二九、二四三〇）ある。のこり一首（二四二八）が宇治である。ではどうして「是」で宇治なのかについて説明する。

「是」を解く手がかりの一つは『万葉集』にあ

る。巻第七に「山背（で）作（る）」の五つの歌が収められているが、いずれも宇治川と宇治人を詠んでいる。

ここでは宇治川を表すのに「氏河」としているのが三首（一一三五、一一三六、一一三八）、「氏川」としているのが一首（一一三九）あって、すべて「氏」で宇治をあらわしている。このことは氏の訓が「ウジ」であることからそれを応用したのだとわかる。

「是」については突飛なことだが、古墳出土の銅鏡の銘文がかかわってくる。大阪府和泉市の和泉黄金塚古墳で景初三年銘の神獣鏡を掘ったのは昭和二六年だった。その銅鏡の銘文は「景初三年陳是作詺」で始まっていた。

調べているうちに中国鏡では鏡作りの工人の下に氏をつけていることは多いが、稀に是としているものがあり、発音は氏も是もともに「シ」であることがわかった。

ところが日本の前期古墳に多い三角縁神獣鏡では、張氏作竟（鏡の減筆文字）や陳氏作竟を張是作竟や陳是作竟としている例がすこぶる多いことがわかり、鏡作りの工人の頭には「氏」だけでなく「是」も同じ意味として使える字、ということがあったようである。

南山城でも八幡市有智郷王塚古墳出土の三角縁神獣鏡に「張是作竟」があるし、木津川市（元の山城町）の椿井大塚山古墳では「張氏作竟」と「張是作竟」、さらに「陳是作竟」の銘文をもつ三角縁神獣鏡が出土している。城陽市の西山二号墳出土の三角縁神獣鏡には珍しく方格内に一字ずつ「陳是作竟」の字を配している。

このような鏡は中国には出土例がなく、四世紀ごろのわが国の鏡作り工人の用字法のクセだと

平等院上空から宇治橋を見る
（宇治川（右手が上流）中央の手前の橋が今日の宇治端、中央下が平等院）

みられる。国文学者や国語学者は、古墳出土の銅鏡銘文に関心をもつ人は少ないが、四世紀代の銅鏡銘文の豊富さには注目すべきである。なおわが国の鏡作り工人とはいえ、渡来系技術者と弥生時代の銅鐸などの工人とが合流して鏡作り工人が生まれたとぼくはみている。

このように氏川とも是川とも書くことには、古来の銅鏡銘文の用字法のクセが時代をへだてて顔をのぞかせたのだ、とぼくはみている。南山背の土地の伝統であろう。

宇治橋と宇治橋碑

橋は一度架けられると永久にあるのではない。木造の橋脚は五〇年もすると腐って橋のない期間となる。平安時代に菅原孝標《たかすえ》の女《むすめ》が初瀬《はせ》詣《もうで》をし

橋寺放生院の門

たとき、宇治の渡《わたし》が混んでいたと日記の『更級日記』に書いている。この頃は、橋のない期間に当っていたらしい。

六七二年におこった、天智天皇の弟の大海人《おおあま》皇子側と天智天皇の息子の大友皇子側の政権争いの戦いであった壬申の乱は、古代最大の戦争であった。この戦にさいして山背の豪族のなかに大海人皇子（のちの天武天皇）側に加担した者が少なくなかった。このことについては、『洛東の巻』や『洛北・上京・山科の巻』でもふれた。

大友皇子側（近江朝廷）にたいして、吉野へ脱出した大海人皇子は、東海の豪族たちを味方につけることで勝利をおさめることになる。

『日本書紀』によると大海人皇子が大津宮を脱出して間もなく、「（近江側が）菟道の守橋者《はしもり》に命じて、皇太弟（大海人皇子）の宮の舎人が私の粮を運ぶことを遮った」と記し、初めて宇治橋が史料にあらわれる。

近江国に大津宮ができると、ヤマトとの間の往来がいっそう盛んとなり、中継地の宇治の役割が増え、この記事にあるように宇治橋が架けられ、守橋者が置かれていたとみられる。

ヤマトから旅をして今日の宇治橋を東方へ渡ると、すぐ南側に橋寺放生院があって（二一八頁地図参照）、境内に宇治橋断碑が立っている。本来の碑の立っていた場所もさほど遠くはなかろう。宇治橋の碑もこのように宇治川右岸にあったということは、ヤマトから北山背や近江へ向う人を意識して立てたとおもわれる。

今日では碑の上部四分の一ほどがのこり、他は復原した碑が立っている。幸なことに碑の全文が南北朝時代に作られた『帝王編年記』に写されている。この碑文が碑の現存個所と一致するので碑の全文がわかるのである。

浼浼横流　其疾如箭　修修征人　停騎成市　欲赴重深　人馬亡命　従古至今　莫知杭竿
世有釋子　名曰道登　出自山尻　恵満之家　大化二年　丙午之歳　構立此橋　済度人畜
即因微善　爰発大願　結因此橋　成果彼岸　法界衆生　普同此願　夢裏空中　導其苦縁

（傍点は碑の現存個所）

堂々とした格調の高い文章である。意味はとりにくいところもあるが、ざっと訳してみる。

宇治川の水流の速いこと、川を渡ろうとする人がたじろいで市のように混雑している。無理に渡ろうとして命を失った人や馬の数は数え切れない。

ここに一人の僧が現れた。名は道登という。山尻（背に同じか）の恵満の家の出で、大化二年にこの橋を構え立て、人畜を済度（川を渡す。衆生を救う）した。

橋寺放生院の境内にある宇治橋碑

小さな善行だが大願を発してこの橋の完成に結集し、成果を彼岸で見とどけよう。仏教に帰依する皆の人たち、普《あまね》くこの願に賛同し、生命のあるうちに以上の苦縁を導こう。

この碑文から、大化二年にこの橋は山尻の恵満の家から出た道登が発願して構築したことがわかる。

大化二年は六四六年、すでに中大兄《なかのおおえ》（のちの天智天皇）が皇太子となっており、近江への遷都よりは前ではあるが、古北陸道の重要さが認識され、宇治橋の架橋となったとみられる。

『日本霊異記』に「人畜に履《ふ》まれる髑髏」の話があって「高麗学生《がくしょう》道登は元興寺《がんごうじ》の沙門《しゃもん》なり。山背の恵満の家より出て而往に（それより先に）大化二季丙午、宇治橋を営む」（以下略）の記述がある（上巻第十二）。

この文では、道登が高麗の学生であることと元興寺の沙門であることの二点で、宇治橋の碑文にない情報も語られているが、基本的には碑文を参考にしたのであろう。このことはすでに『宇治市史』（第一巻）の「交通路の発達」の項で足利健亮氏が指摘されている。

道登は実在の僧とみてよい。というのは大化元年八月に孝徳天皇の新政権が仏教を大々的に取りいれたとき、沙門狛大法師・福亮《ふくりょう》・恵雲・常安・霊雲・恵至・寺主《てらしゅ》の僧旻《そうみん》・道登・恵隣・恵妙を十師に任命している（『日本書紀』）。この記事の冒頭に「沙門狛大法師」とあるのが、それが福亮だけを指すのか、それとも十人全員を指すのかが一つ問題となる。

『日本書紀』に道登はもう一度でている。白雉《はくち》元年（六五〇）二月に宍戸《あなと》（長門）国が白雉を献上してきた。百済君や沙門らにたずねても先例が不明なとき、道登法師が「昔、高麗、伽藍を営もうとして、いろいろな土地を調べた。するとあるところに白鹿が徐に歩いていた。そこでその土地に伽藍を造り、白鹿薗寺と名づけ仏教をたもった」と。このことからみると、道登は高麗への留学生というより高麗の僧ではないかとおもう。

山尻の恵満の家を解く手がかりがあればよいのだが、直接の史料はない。ただ後でも述べるように、南山背には高麗人の居住が多く、高麗寺もあったし、おそらくその隣接地と推測されるけれども相楽館もあった。相楽館は欽明天皇の三一年（五七〇）に高麗の使節が越に漂着したとき、道君が先に応接して大騒ぎとなり、その使節を飾船にのせて山背へと導き相楽館で接待している。今日流にいうと迎賓館である。このときは宇治川を船で下った記事になっている。

このように南山背のどこかに恵満の家はあったと推定されるし、愛宕《おたぎ》郡の八坂寺（法観寺）も高麗系渡来人の建立した寺であった。このことは宿題として先に進もう。

道昭という著名な僧がいる。河内国丹比郡の人で俗姓は船連《ふなのむらじ》、父は船史恵釈（恵尺）である。百済系の渡来人といってもよい。行基が道昭を慕ったことはよく知られている。

道昭が文武天皇四年（七〇〇）に死んだとき、詳しい卒伝を『続日本紀』に掲載している。その一節に道昭は入唐して玄奘三蔵から指導をうけたこと、帰国後に元興寺のなかに禅院を建てたことなどが記されていて、注目される。さらに「天下周遊して路傍に井を穿《うが》ち、諸の津や済《わたり》の処に船を儲けて橋を造る。乃ち山背国の宇治橋は和尚の創造する所のものなり」の一節がある。

前にも述べたことだが、木造の橋は五〇年ほどで橋脚がいたむことがよくある。道登が大化二年（六四六）に架橋したとして、六九〇年ごろにはその橋が用に耐えなくなっていたことが考えられる。とすれば道昭は絶えていた宇治橋の再建者となる。

もう一つ注意してよいのは、『続日本紀』の原文では「諸津済所儲船造橋。及山背国宇治橋和尚之所創造」とある。つまり「津に船を儲け済に橋を造り」か、それとも「津や済に船を儲けて橋を造った」のかのいずれかということである。津と済がほぼ同じ地点にあることは、宇治津と宇治渡をはじめ各地に見られる。

橋のなかに船を一列に並べた舟橋がある。橋脚を造るよりも簡便におこなわれた。地名にも舟橋は各地にあるし『万葉集』にも上毛野の佐野の舟橋が詠まれている（三四二〇）。現在の高崎市にあった烏川にかかる橋であった。

ぼくの印象にすぎないが、道昭が宇治に設けたのは舟橋ではないかとおもう。要するに宇治橋の碑文でたたえているのは道登の架橋であって、道昭のものではない。

なお碑の銘文のなかに大化二年があるのは過去を追憶してのことであって、建碑の年代はずっと下る。七世紀末から八世紀とみる人がいるし、なかにはさらに下げて延暦年間とみる人もいる。ぼくは道昭の宇治橋再建よりは前ではないかとおもう。

宇治郡、とくに木幡と岡屋

宇治の北方、木津川右岸の道（古北陸道）を北上すると、まず岡屋があり、ついで木幡となる。どちらも陸上交通の要衝であった。さらに岡屋は巨椋湖東岸にあって重要な津（岡屋津）であったが、秀吉が巨椋湖を四分割してからは津の機能は失われた。

「安祥寺伽藍縁起資財帳」に船一艘を岡屋津においていたことが記されていることについては『洛北・上京・山科の巻』でふれた。安祥寺は山科にあった。巨椋湖には東に岡屋津、西に与等《よど》（淀）津が対峙し、それぞれの役割を果した。

岡屋には、越前や美濃に勢力を築いていた豪族道守《ちもり》氏も居住していた。各地の港町には交易の必要上から多地域の人々が集り、交易にたずさわっていた。

天平十二年（七四〇）の文書に、宇治郡加美郷堤田村の地八段と家二間を宇治宿禰大国が岡屋郷戸主道守臣人足から買い取っている（『日本古代人名辞典』）。岡屋には道守氏や宇治氏が住んでいたのである。

宇治氏は山背の宇治が本拠地であって、宇治郡の大領など郡司となる者がいた。それとともに越前国の足羽郡に移住して土地を開発し、宇治宿禰麻呂のように東大寺と田を交換した者もいた。さらに播磨国揖保郡大田村の開墾をしたのが宇治連らの遠祖兄太加奈志、弟太加奈志であった（『播磨国風土記』揖保郡上筥岡・下筥岡・魚戸津・朸田の項）。

大正六年に京都市右京区大枝塚原町北西の竹藪で、方形の石櫃におさめられた銅製の蔵骨器が発掘された。蔵骨器は欠損していたが、かろうじて四行分の中ほどの個所がのこっていた。

前誓願物部神
八継孫宇治宿禰
大平子孫安坐
雲二年十二月

この蔵骨器を発見直後に研究に当ったのは梅原末治氏で、梅原氏は年号の欠字部分を慶雲二年（七〇五）と判定された。慶雲といえば都が藤原京のときである（梅原末治「山城に於ける宇治宿禰の墳墓とその墓誌」『日本考古学論攷』所収）。

物部神とは物部氏の遠祖の饒速日命《にぎはやひ》とみてよかろう。『新撰姓氏録』山城国神別の条に「宇治宿禰　饒速日命六世孫伊香我色雄命之後也」とあるのは、蔵骨器の内容と一致しているとみてよかろう。残念なのは宇治宿禰の下の名を欠失していることである。名は欠失しているとはいえ、他の例からみてこの人も生前は宇治郡加美郷か大国郷に住んでいたと推定される。

『旧事本紀《くじほんぎ》』孝元天皇の条に注目してよい個所がある。天皇の子を並べたところに「武埴安彦命　岡屋臣等祖」とある。

武埴安彦は第二章で述べるように南山背に勢力をはり、崇神勢力の国土支配の前に立ちはだかったのであり、記紀ともにその名を記している。だが記紀には岡屋臣は登場せず、ことによると武埴安彦が宇治にも拠点をもっていて武埴安彦が敗死したのちも岡屋の地で命脈を保ったのかもしれない。

木幡は古北陸道の要衝であり、和爾氏が本拠をかまえていたことは、先に応神が宅姫と出会ったことを述べたときにふれた。

記と紀の記事を総合すると、木幡村には和爾臣の祖の日触使主《ひふれのおみ》が邸をかまえていた。後で述べる武埴安彦との戦争にさいして山背で戦った和珥臣の遠祖彦国葺も、木幡に本拠があったのかそれともヤマト北部に本拠があったのか、については後で考える。

木幡には宇治陵といって、藤原氏一族の墳墓群が密集し、今日では宮内庁の管理をうけている。この地はもともと古墳時代後期の一大群集墳の所在地で、そこを平安時代に藤原氏が一門の埋葬地として利用したとみられている。

後期古墳の正確な数は不明であるが、一一〇基ほどあって南山城では最大の数とみられる。木幡古墳群を構成する一基ずつの古墳の規模は比較的小さいが、六世紀ごろの和爾氏の墓地の可能性が強い。

『万葉集』に山科の木幡山を詠んだ歌があって、そこでは強田山と表記している(二四二五)。


山科（の）　強田（の）山　馬はあれど　歩《かち》ゆわが来し　汝《な》を念《おも》いかね

木幡は応神天皇もそうであったが、逢坂峠をこして近江へ行く拠点である。ぼくがこの歌に接したとき、木幡には馬を貸すような職業の家があったのではないかとふと考えた。そうだとすると、この歌では木幡では馬を借りて旅するのが普通だが、〝私はあなたを念う心が強く歩いてきたのです〟の意味かとおもう。

つぎの歌も山背道を行商する男女のやりとりとおもえる。そこでの山背道は木津川右岸の道のようではあるが断定はできない。

つぎねふ　山背道を　ひとつまの　馬より行くに　己《お》の夫《つま》し　歩《かち》より行けば　見るごとに　哭《ね》のみし泣かゆ　そこ思ふに　心し痛し　たらちねの　母の形見と　吾が持てる　眞澄鏡に　蜻領巾《あきつひれ》　負ひ並《な》め持て　馬替え吾が背（三三一四）

大意はつぎのようである。山城道を他の人の夫は馬で行くのに、自分の夫は歩いて行く。それを見るたびに泣けてくるし、心も痛む。母の形見として自分が持っている眞澄鏡《ますみのかがみ》とトンボの羽のように透き通る領巾《ひれ》をもって行って、馬に替えて下さい。

夫おもいの妻のようだが、つぎの反歌が面白い（三三一七）。

馬替えば　妹歩行《いもかち》ならむ　よしえやし　石は履《ふ》むとも　吾《あ》は二人行かむ

大意はあっけらかんとした夫婦がよくでている。馬を手にいれたとしても、妻はやはり歩いてついてくるだろう。いいよかまわない。石を踏んでも二人で歩いて行こう。結局形見の品は手放さなかったらしい。

最近までわが家へ野菜を売りにきたのは山科の農家の夫婦であった。夫が軽の車を運転し、女性のほうが〝お野菜です〟と声をかけて品物を売っていた。二、三年ほど前から来なくなったが、それまではずっと来ていた。古くからの伝統のある行商のようにおもった。

それにしても、この歌はおそらくヤマトへ行商に行ったのだろう。それと商うものはやはり野菜ではなかろうか。南山背の野菜のことは後で一項目を設けるつもりである。

ここまで書いて気になることができた。木幡を拠点としていた強大な和爾氏はその後どうなったのだろう。和爾氏は没落したのではない。和爾氏から粟田、小野、大宅、柿本、春日などの氏に分れ、新しい氏名《うじな》によって活躍するのである。とくに粟田氏が愛宕郡の粟田郷で、はなばなしい活躍をすることにはすでにふれた。和爾氏から粟田氏や小野氏にどのように変貌していくかは重要な課題だが、六、七世紀ごろにそれがおこなわれたかと今は考えている。

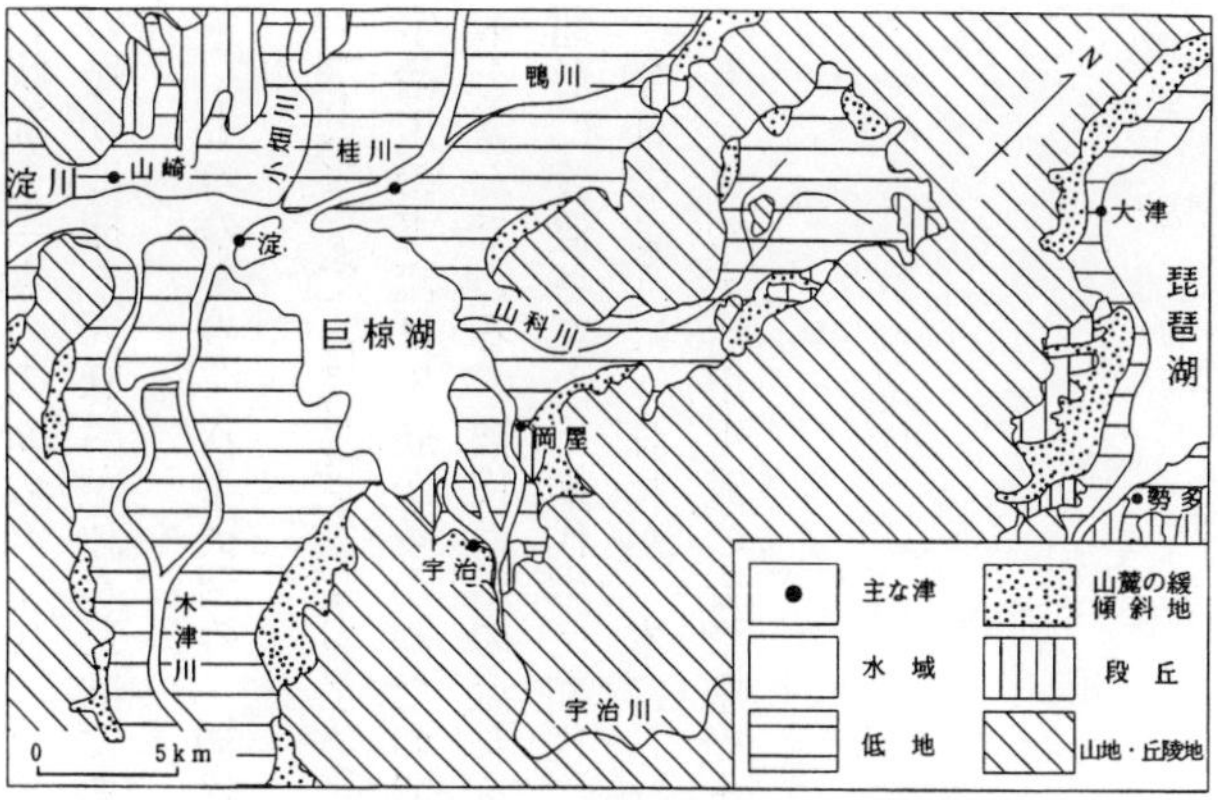

万葉集の時代の巨椋湖周辺の景観

(日下雅義『万葉集に自然の景を読む』から引用)

八十氏河と網代木

宇治川について、もう一つ述べておかねばならないことがある。宇治橋あたりまでの流路は川幅も限定され、流れが早く昔も今もさほど変わってはいない。宇治橋あたりからの下流、巨椋湖に流入するまでの間は大きな変化があった。

太閤堤の建設で宇治川下流の流路が一本にされるまでは、下流の流路は幾筋もあって低地を北流していたと推定される。『万葉集』では宇治川下流の流路が多い状況を「もののふの八十氏（宇治）河」と詠んだ（五〇と二六四）。このうち二六四は近江からの帰りに柿本人麻呂が詠んだ歌である。

もののふの　八十氏河の　網代木に　いさよふ波の　行く方知らずも

「もののふ」は物部氏の人数が多いことからついた枕詞とみられ、そのような枕詞がつくほど宇治川の下流は川筋が多かったのである。この二つの歌ではどちらも川のなかに敷設された網代木を詠んでいる。網代は川の流れを横切って木を立てて魚を集めて捕る装置で、流れの緩やかな地形に設置された。網代木は網代に立てる木の棒をいったのである。

今日のように、流れが一本にされた宇治川下流では、万葉の歌は想像しにくくなっている。ぼくも今日の宇治川下流の姿で歴史を探ってしまうところだった。

第2章　武埴安彦から磐之媛

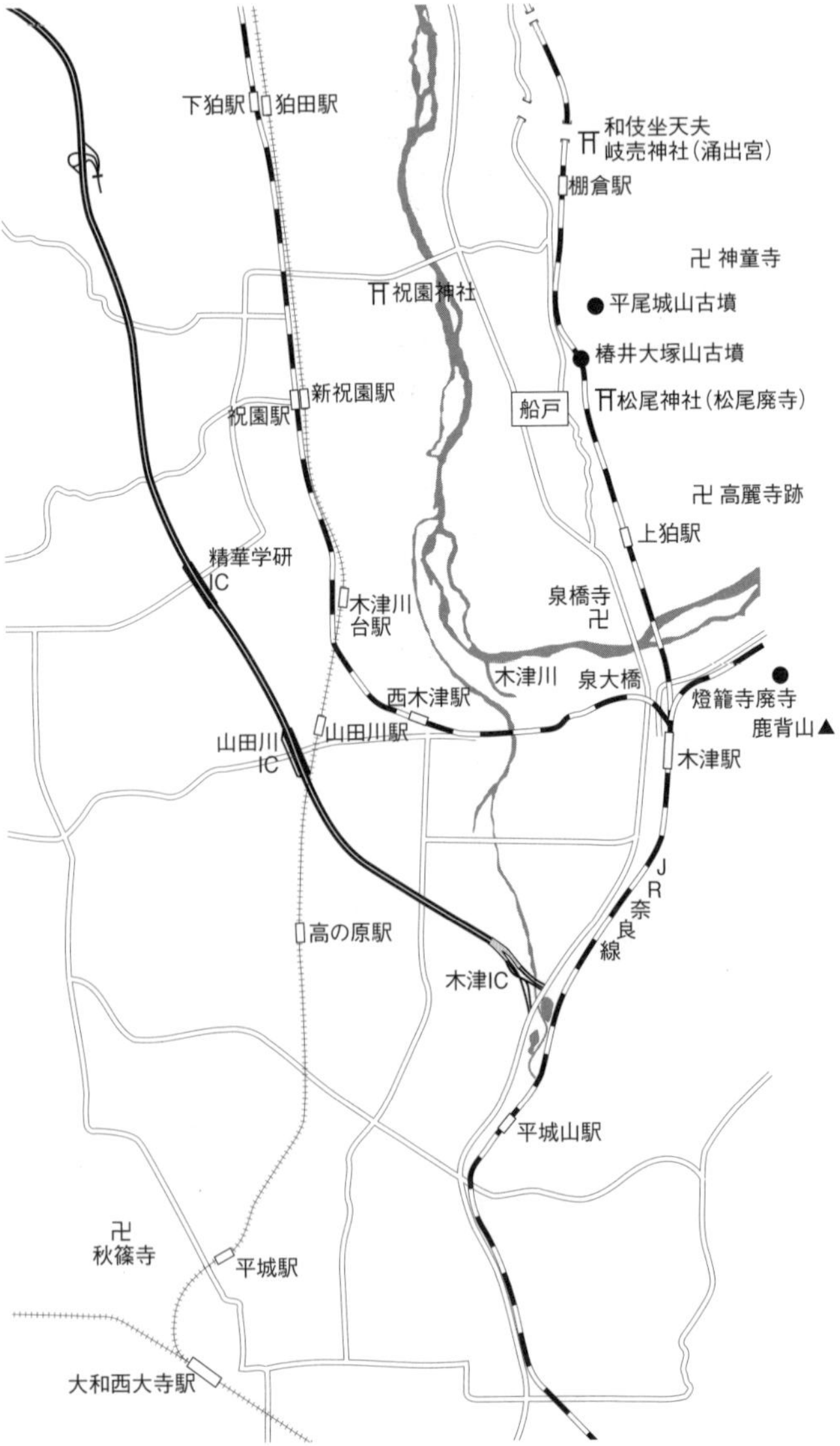
下狛駅
狛田駅
和伎坐天夫
岐売神社（涌出宮）
棚倉駅
神童寺
祝園神社
平尾城山古墳
椿井大塚山古墳
新祝園駅
祝園駅
船戸
松尾神社（松尾廃寺）
高麗寺跡
上狛駅
精華学研
IC
泉橋寺
木津川
台駅
木津川
泉大橋
燈籠寺廃寺
西木津駅
鹿背山
山田川駅
山田川
IC
木津駅
J
R
奈
良
線
高の原駅
木津IC
平城山駅
秋篠寺
平城駅
大和西大寺駅

ミマキイリ彦にとっての武埴安彦

ミマキイリ彦の漢風諡号《しごう》は崇神である。諡号に神がつく天皇は始祖王の神武、一〇代めの崇神、それと一五代めの応神である。応神が中王朝の始祖王とみられることは、すでに述べた。このことからみても、ミマキイリ彦の治世は一つの画期とみられる。

記紀にはこれから述べる武埴安彦《たけはにやすひこ》との戦争が終り、日本国の中枢の地域の支配を固めたあとのこの天皇を「その御世を称《たた》えて初国知《はつくにし》らしし御真木《みまき》天皇と謂《い》う」（記）とか「故に称えて御肇国《はつくにしらす》天皇と謂う」（紀）とも評している。実際の建国王だとする認識のあったことがわかる。

今述べた意味でも、南山背の武埴安彦のおこした戦争の鎮圧の意義は大きい。もしミマキイリ彦がこの戦争の鎮圧に失敗していたら、ミマキイリ彦にたいする先ほど述べたような称号は生まれなかったし、ことによると南山背が日本国の中枢地域の支配に君臨していたかもしれない。

ミマキイリ彦は奈良盆地南東の磯城《しき》に都を置いていた。考古学でいう纏向《まきむく》遺跡の隣接地とみられる。皇后にミマキ姫を立てた。ミマキ姫の父は、これからの事件に大きな役割を果す大彦《おおひこ》（『記』では大毘古）である。大彦は、ミマキイリ彦の諸大夫のなかの筆頭の地位にあった。大彦は阿倍臣《あべのおみ》、膳臣《かしわでのおみ》、阿閉臣《あへのおみ》、狭狭城山君《ささきやまのきみ》、筑紫国造、越《こし》国造、伊賀臣などの始祖（孝元紀）と書かれていて、係累がすこぶる多い。そればかりか実在性が急浮上してきた。

一九七八年に埼玉県の埼玉《さきたま》稲荷山古墳から発掘された鉄剣に、金象嵌で刻んだ一一五の文字からなる銘文が発見された。そのなかに大彦とみられる人名があった。

この銘文を刻ませた乎獲居臣《おわけのおみ》の八代前の上祖の名が意富比垝《おほひこ》とあって、それが大彦のことだとみられるようになったのである。なおここでは省略したが、銘文ではその間の七人の名も一々記してあった。

この鉄剣が発見されるまでの古代史学界では、記紀の人名で実在性のあるのは応神以後とか雄略以後、ひどい例では推古以後などと慎重を美徳とする風潮があった。この鉄剣銘文の出現によって、そのような疑心暗鬼をふりはらうように記紀の信憑性が高まってきた。あとは『魏志』倭人伝の人名と、記紀などの人名の接点を見出すことが急務である。

埼玉稲荷山古墳鉄剣を製作させ、それに銘文を刻ませた乎獲居臣《おわけのおみ》（ことによると埼玉稲荷山古墳の被葬者か）は、杖刀人として獲加多支鹵大王（ワカタケル大王）つまり雄略天皇に奉事していた。雄略は『宋書』に記された倭王武とみられ、五世紀後半に実在したとしてよい。それから八代さかのぼったころに大彦がいたとみられる。このようにみると、武埴安彦の戦争も実際にあったとぼくは考えている。

ヤマトトトヒモモソ姫と吾田姫

ミマキイリ彦が皇位についたころ、国内に疾病が多く人民の半分ほどが死んだという。それにたいして、もっぱら神頼みの政治がつづいた。その代表例は、三輪氏の始祖の大田田根子《おおたたねこ》に出雲系の神である大物主神を、倭　直《やまとのあたい》の祖の市磯長《いちしのなが》尾市《おいち》に倭大国魂神を祠らせた。大神《おおみわ》神社（三輪明神）と大和《おおやまと》神社である。

このような神祠りが功を奏して、ある程度国内が安定してきたので、大彦を北陸に遣すなど、いわゆる四道将軍が派遣されようとした。だがそれは一時頓挫することになった。

大彦がヤマトと山背の境に近い和珥坂《わにさか》にいたると、一人の少女が歌を口ずさんでいた。その場所が和珥坂でなく、山背に入った平坂と伝える異伝も記されている。

その歌とは、ミマキイリ彦は自分に生命の危険がせまっているのに姫遊び（女狂い）ばかりをしている、という内容だった。

大彦は歌の真意を確かめようとしたが、すでに童女の姿は消えていた。そこで大彦は一まず引きあげ、ヤマトトトヒモモソ姫（以下モモソ姫と略す）に以上のことを報告した。

モモソ姫は崇神の祖父の孝元天皇の子で、大彦とは兄弟、武埴安彦も異母兄弟である。モモソ姫はミマキイリ彦に仕える最大の預言者であり、神女といってよい（卑弥呼と同一の人物とみる人もいる）。

モモソ姫は少女の歌から、武埴安彦が謀反を企てていると見抜いた。さらに次のような噂をも耳にした。〝武埴安彦の妻の吾田姫《あたひめ》は密かにヤマトに来て倭の香山（香具山の古名）の土をとって布領《ひれ》に包み、それをヤマトの物実《ものしろ》として祈った〟という。物実《ものしろ》とは土地や人を象徴する物であるから、ヤマトの領有を祈ったのである。

ミマキイリ彦側にも神女としてのモモソ姫がいたように、武埴安彦側にも神女としての吾田姫がいた。ただし吾田姫は神女にとどまらず、後に一軍を率いてヤマトに攻めこんだ軍事的指導者でもあった。後に述べるように、吾田姫の「アタ」は南九州の薩摩半島の地名、阿多とも書き郡名でもあり、隼人のなかの名族をあらわす語でもある。

この謀反を見抜いたことで、モモソ姫の巫女としての能力が涸渇《こかつ》し、武埴安彦の鎮圧のあと大物主神の妻とはなったものの、箸で陰をつき命を無くすことになる。そのあと大市《おおいち》（纒向遺跡内の地名）に墓を作り、人は日《ひる》、夜は神が大坂山の石を運んで造ったのが箸墓だと『紀』は述べている。ここでいう神とは大物主に示される出雲勢力のことであろう。

武埴安彦戦争の経過と地名説話

武埴安彦はおそらく木津川右岸の道からヤマトに攻めこみ、吾田姫はおそらく八幡丘陵上の山道を通って奈良盆地南西の大（逢）坂（現香芝市内）に攻めこんだ。余談ではあるが、京田辺市の八幡丘陵上に南北に通る細い山道があって、京田辺の山道の入口に「至竜田」の石標が立っているのを見て驚いたことがある。この山道をたどると一気に竜田、つまり大坂至近のところへ行けるのである。おそらく古代からのヤマトへの脇道だったのであろう。

ミマキイリ彦はモモソ姫の弟の五十《い》狭《さ》芹彦《せりひこ》を大坂に遣わして吾田姫軍を破り、吾田姫を殺したという。

武埴安彦の本隊にたいしては、大彦と和珥臣《わにのおみ》の遠祖彦国葺《ひこくにぶく》とで当らせた。この和珥氏は奈良盆地の北東部の天理市和爾から奈良市にかけて勢力を築いていたとみられ、和珥氏が山背に勢力を及ぼすのはこの戦争以後のこととみられる。

大彦と彦国葺の軍は和珥の武鐰坂《たけすきのさか》に忌瓮《いわいべ》（祭祀に使う土器）を据えて勝利の祈願をおこなった。今日の奈良と京都の境の丘陵上であろう。

最初の戦は那良山でおこなわれ、ついで輪《わ》韓《から》河（『記』では山代の和訶羅河）をはさんで両軍が陣どった。ワカラ河は泉川（今日の木津川）の古名である。両軍が挑《いど》みあったことからその河を挑河というようになったのが、今の泉河であるといっている。

挑河での合戦にさいして、武埴安彦は彦国葺に〝どうして汝は（ミマキイリ彦側として）出兵したのか〟と問いかけている。ことによると彦国葺がヤマトの和珥氏ではなく、武埴安彦と同じように山背にいた地縁の誼《よしみ》によって、このような問いかけをしたとも考えられ、ここにメモしておく。

このあと河をはさんで矢合せとなり、武埴安彦は胸を射ぬかれて死んだと『紀』は述べている。ここで大勢の武埴安彦側の兵士が屠《はふ》る、つまり殺されたので、その地を羽振苑《はふりのその》というようになった。今日の祝園《ほうその》である。

祝園には後で述べるように、武埴安彦の首が斬られたことを伝える石標が立っている。石標の表面上部には「崇神帝十年役」の六字を二行に配し、その下に大きく「武埴安彦破斬旧跡」の字を刻んでいる。この戦争に乱の表現を使わず、「崇神帝十年役」と書いたところに現代の山城人の抵抗の気持ちがでている。

「武埴安彦破斬旧跡」の石柱

逃げて行く兵士らが甲を

脱いだ土地を伽和羅《かわら》という。これはすでに大山守の宇治での敗死の項で述べたように、八幡市の甲作郷のことであろう。最後に残兵が久須婆《くすば》の度《わたり》まで逃げた（『記』）。『紀』では樟葉《くすは》としている。おびえた残兵が褌に屎をもらしたので屎褌《くそばかま》の地名、つまりクズハになった、と記紀ともに伝えている。後に述べるように新王朝の始祖のヲホド王（継体）が初めての都とするのが樟葉だが、記紀での語源は尾籠《びろう》な話になっている。

それにしても、南山背から北河内の地名の多くが、武埴安彦戦争の過程でついたとする伝承があったのである。この戦はおそらく南山背にも、さまざまの影響をあたえたことであり、それを探る努力が必要となる。

記紀の武埴安彦の戦争は南山背が主戦場であった。敗走する兵たちは八幡から北河内の樟葉へと逃げて、潰滅したと伝えられている。

武埴安彦の残影、涌出宮と祝園神社

木津川右岸の木津川市と左岸の精華町（ともに相楽郡）で、武埴安彦の霊を鎮めることに関係のあるとみられる神事が古くからおこなわれている。もとの山城町平尾の和伎《わき》坐《にいます》天《あめの》夫岐売《ふきめの》神社、通称涌出宮《わきでのみや》と、木津川対岸の精華町祝園にある祝園《ほうその》神社（ともに式内社）である。

涌出宮は境内の森が突然一夜にして出現したという伝承にちなむ社名で、ぼくは涌出宮ということが多い。昔の史料にも「腋《わき》社」とか「腋森」などと書いた例があって「ワキ」が地名となっていた。

この森の地下には、弥生中期の遺跡がひろがっている。かなりの集落遺跡のある土地とみられる。近くの山脚上には椿井《つばい》大塚山古墳や平尾城山古墳など、古墳前期の前方後円墳があって、四世紀代に南山背でも抜きんでた首長のいた地域であることは疑いない。

とくに多数の三角縁神獣鏡を出土した椿井大塚山古墳が、武埴安彦戦争の前の築造か、後の築造か、それともほぼ同時期とみてよいのかは重要な検討点になるので、後で一項目を設けよう。

祝園神社（綱曳きはこの参道でおこなう）

涌出宮と祝園神社には、どちらの社でも居籠《いごもり》祭という古式ゆかしい奇祭がおこなわれている。南山背では居籠の字が使われているが、斎籠とも忌籠ともいう土地がある。神を迎えるため氏子がこぞって斎籠ることを徹底した祭である。

居籠祭のことは聞いてはいたが、最初はさほどの関心はなかった。文化史学の泰斗林屋辰三郎氏（故人）が一九七一年に出された『日本の古代文化』（岩波書店）という書物のなかで、涌出宮の居籠祭を丁寧に紹介し、日本の神社の祭のなかでもたいへん起源の古いことを力説しておられ、何度も読み返した。とはいえその後もこの祭を古代史のなかに位置づけられる試みはなかった。

ぼくは一九九〇年に出版した『図説日本の古代』四巻の『諸王権の造型』のなかで、涌出宮と祝園神社の祭をとりあげ、さらにそれらの神社の地域にのこる民俗例をもとりあげ、南山背の古代像を解くさいの参考にした。ぼくはこの二つの神社の居籠祭の起源は、「武埴安彦の悪霊の祟りを免れるために始まった」(『日本の神々』五巻、山城・近江の「和伎坐天夫岐売神社」の項)、さらに視点を南山城において武埴安彦の霊を鎮めるための祭ではないか、という気持ちがわくことをおさえきれない。

『日本書紀』では敗走する武埴安彦の軍隊が「我君」と呻《さけ》んだという。これを「アギ」とよませているが「ワギ」という発音とみることも不可能ではないとされている。

涌出宮の正式名が「和伎坐天夫岐売神社」であるが、その「和伎」も、武埴安彦を信じてともに命をかけた南山背の人々の想いの一端がでているのではないか、ということもぼくの心からは拭《ぬぐ》いきれない。

祝園神社の綱曳きと胴人形

一九八八年一月二〇日に、祝園神社の居籠祭の最後の日におこなわれる綱曳きの儀を見ることができた。ところが当日のノートが見当たらない。

この神社の居籠祭は一月の初申《さる》(申が三回あれば中の申)の日から三日間にわたっておこなわれる。一日めが風呂井の儀、二日めが御田の儀といって農耕の神事とおもわれる。三日めが武埴安彦の鎮魂にまつわると推定される綱曳きの儀である。

すでに述べたように祝園は『紀』によると武埴安彦に組した多くの兵士が命を落とした土地で、兵士が屠られたことから羽振苑つまり祝園の地名が生れたとされている。

この伝承によって建てられたのであろうが、祝園神社の参道近くの地を「武埴安彦破斬旧跡」

としていることもぼくには気になる。問題の綱曳きは、まさしくこの破斬碑が建つすぐ前の参道でおこなれる。

二〇〇八年十二月七日に笠置からの帰りに涌出宮により、足をのばして祝園神社に寄ってみた。すると年配の女性が参道を掃除している。神社の関係者のようである。

ぼくが二一年前に見た綱曳きをおもいだしながら、おさらいを兼ねて問いかけると〝今日の午前中に、氏子の青年たちが一月のお祭りで使う人形を作っていました。社殿の軒下に吊るしてあります〟と教えてくれた。

綱曳きに使う竹製の人形の胴
（2008年12月7日撮影）

この竹細工はぼくの記憶どおりの細長い筒形をしていて、人間が立ったほどの大きさである。二〇年前に綱曳きを見たとき〝人の胴をかたどっているのではないか〟とおもったが、このたびは見るなり〝これは武埴安彦の胴だ〟と感じた。

伝説では武埴安彦が祝園で首を斬られたとき、首が木津川対岸の涌出宮まで飛んだというから、祝園には胴がのこったことになる（ある本では涌出宮まで飛んだのは胴としてあった。しかしぼくの推測のほうが理にかなっていると感じる）。

それにしても南北に別れた氏子たちが、竹で編んだ胴形の人形を曳きあう。すごいことではないか。現在の若者が普段どこまで意識しているかはわからないが、南山城では武埴安彦が今日まで伝えられているのである。

仁徳天皇と磐之媛皇后

仁徳天皇の父の応神天皇と宇治の関係は前章で述べた。応神の子の一人がオオサザキ（仁徳天皇）である。オオサザキの以下の話は、応神のもう一人の子である宇治稚郎子の死後のことである。

即位後のオオサザキは摂津の難波《なにわ》に都をつくった。高津宮《たかつのみや》である。オオサザキは磐之媛《いわのひめ》（以下はイワノ媛とする）を皇后にした。『記』には〝葛城《かつらぎ》の曾都毘古《そつひこ》の娘、石之日売命〟とある。

葛城ソツ彦は『紀』では葛城襲津彦としてしばしば登場する。ヤマトの南西部の葛城地域の大豪族である。朝鮮半島へ度々でかけたことのある国際人でもある。また『紀』が引く「百済記」に沙至比跪《さちひこ》とある人物に当るとみられている。御所《ごせ》市にある巨大前方後円墳、室大墓《むろのおおはか》古墳（宮山古墳）は襲津彦の墓の可能性がつよい。

各地の豪族から天皇に妃を出すことは多い。しかしそれらは妃であって皇后ではない。じつは古墳時代に皇族以外、つまり民間から皇后がでたのはこのイワノ媛とヒバス姫だけで、そのことからも葛城襲津彦の力の大きさの推測ができるだろう。

奈良時代の聖武天皇は、藤原不比等の娘の光明子《こうみょうし》を皇后にした。このとき聖武が出した宣命《せんみょう》の一節に、民間から皇后を出した先例として「大鷦鷯《おおさざき》天皇、葛城曾豆比古《そつひこ》の女子《むすめ》の伊波乃比売命《いわのひめ》皇后と御相坐《みあいあ》して」とある（『続日本紀』天平元年八月十日の条）ように、稀なことであった。

これから述べる皇后イワノ媛の行動は南山背の筒木《つつき》（城）を舞台として展開する。

イワノ媛と筒木のヌリノミ

イワノ媛の行動は大胆であるとともに、気性の激しい女性として記紀ともに語られる。このような行動の背景には、父ソツ彦の強い力があったことは充分考えてよかろう。

オオササギは恐妻家のわりには女性への関心が強かった。最初に関心を示したのは宮廷に仕える宮人の玖賀媛《くがひめ》だった。玖賀は久我とも書き、丹波南部の淀川水系上流域の桑田付近も含まれていたとぼくは推定している。山代の久我国については「洛北・上京・山科の巻」でふれた。

イワノ媛の妬《ねた》みは強く、クガ姫は桑田へ帰されることになったが途中で死んだという。〝今もクガ姫の墓はある〟と『紀』では述べている。

オオササギは、つぎにはこともあろうに宇治稚郎子の妹の八（矢）田皇女を妃にしたいと言いだした。八田皇女は母は異なるとはいえ、父はオオササギと同じ応神天皇だった。八田皇女の母は和爾日触使主の娘の矢河枝比売で、オオササギの異母兄弟（姉妹）であった。

オオササギが八田皇女を妃にしたいということは、たんに好色のせいだけではなく、山背の和爾氏の勢力への気配りがあったようにぼくは感じている。

イワノ媛が神事で使う御綱葉《みつなかしは》をとりに紀伊の熊野岬へ行っているあいだに、オオササギは八田皇女を宮中によびいれ関係してしまった。

これを聞いたイワノ媛は御綱葉を海に投げすて、そのまま淀川をさかのぼって山背に行き、さらに父のいるヤマトへ向おうとした。このときイワノ媛が詠んだ歌には山背河（木津川）をさかのぼったことと、那羅《なら》をすぎると「我《わ》が見《み》が欲《ほ》し国は　葛城高宮　我家のあたり」とある。

この歌は『記』にもでていて、ソツ彦の家が葛城高宮（御所市高宮廃寺付近か）にあったこと、イワノ媛はソツ彦の家へは戻れずに山背へ行ったことが読みとれる。ソツ彦はオオサザキとの関係を考えて実家へはいれず、かねてから親交があったと推定される筒木の韓人奴理能美《ぬりのみ》の家に入れたとぼくはみる。

『紀』ではヌリノミのことにはふれず、山背河をさかのぼって宮室を筒城《つつき》岡の南につくって入り、それを筒城宮としている。ここの記述は『記』のほうが真実味がでていて、韓人ヌリノミの家を筒城宮と書いたのであろう。

『新撰姓氏録』によると、河内国諸蕃の項で水海連《あまのむらじ》や調日佐《つきのおさ》について「百済人努理使主の後」とあって、ヌリノミの韓人とは百済人だとわかる。平安京の右京諸蕃の項にも水海連と同祖の民連がみえ、「百済人努利使主の後」とあるし左京諸蕃の項で調連について水海連同祖としたあと、「百済国努理使主の後なり。応神天皇御世帰化し（中略）顕宗天皇御世、蚕を織り絁絹の様を献じ、よりて調首の姓を賜う」とある。

これによって応神天皇のときに来帰したとする家伝があったことがわかる。なお顕宗のときに優秀な絹織物を献じたことが事実としても、これより前からヌリノミが盛大に養蚕や絹織物の産業を営んでいたとみられることには次にふれる。

筒木の養蚕と桑

難波《なにわ》の高津宮を出たイワノ媛は父の住むヤマトの葛城へ帰ろうとした。だが父ソツ彦はオオサザキとのよい関係を保つことを考え、それを許さなかった。

イワノ媛は望郷の気持ちをこらえつつ、ソツ彦の手配りと推定されるが山背の筒木にあるヌリノミの家に滞在することになった。

ヌリノミは百済系の渡来人で、河川の水運や養蚕と絹織物作りを営んだ事業家とみられる。その家を『紀』では筒城宮とよんでいて、相当な構えの家だったとみてよかろう。

『記』ではイワノ媛が入ったのは韓人ヌリノミの家としながらも、オオサザキが使として派遣してきた丸邇臣口子《わにのおみくちこ》（『紀』では的臣《いくはのおみ》の祖口持臣、一に云わくとして和珥臣の祖口子臣とある）の妹口《くち》日《ひ》(比)売《め》が詠んだ歌の一節に〝山代の　筒木の宮に　物申す〟とあるから筒木宮という通称を使っている。なお口子の妹の口日売がここにあらわれるのは、高津宮で皇后に仕えていたので兄に同道したのであろう。

和（丸）爾（邇）氏はすでに何度もふれたように、南山背の木幡を根拠地とした豪族である。和爾臣口子もその一族に属していたとみられ、妹の口日売が高津宮で皇后に仕える宮人になっていたのであろう。

口子と口日売が筒木のヌリノミの家を訪れたとき、大雨が降っていた。だがイワノ媛は二人を家にいれずに会おうとしなかったから、二人はずぶ濡れになった。口子は難波に引き返し、イワノ媛の態度が硬化していることをオオサザキに伝えた。

ヌリノミの家では蚕を養っていた。そこで口子（臣）、妹の口日売、ヌリノミの三人が相談した。蚕が匐《は》う虫から鼓（蛹《さなぎ》のこと）となりさらに飛ぶ鳥（蛾のこと）と三回形が変わるので、それをイワノ媛に見せると気持ちが変わるかも知れないということになった。オオサザキもその虫を見ることを口実に筒木へ来ることになった。そういえば多くの人はカイコのことを詳しくは知らない。

『紀』にはカイコのことはでていない。だがオオササギがイワノ媛を訪れるために船を使って川をさかのぼり山背へ行く途中、「時に桑の枝、水にしたがいて流れる」光景が詠《よ》まれている。このとき、オオササギがイワノ媛をなつかしく思って読んだ歌が収められている。だから『紀』には、養蚕のことは書いていないが、桑の枝で筒木のこと、ひいてはイワノ媛をあらわそうとしている。

イワノ媛の死

筒木でのイワノ媛はオオササギに会うことを拒否しつづけた。とはいえ皇后になっての十数年間は二人の仲は睦まじく、イザホ別《わけ》（のちの履中天皇）、ミズハワケ（反正天皇）、ヲアサツマワクゴノスクネ（のちの允恭天皇）をもうけた。イワノ媛には古代には珍しく理想の夫婦像があったのであろう。

オオササギは筒木へ強引にでかけた。だがイワノ媛は八田皇女のことを強く非難し、会おうとしなかった。このとき戸をへだててオオササギが詠んだ歌を、記紀ともに収めている。このとき二人は六歌を詠んだというが『記』には一首、『紀』には二首だけが収められている。この歌では〝山背（代）女の　木鍬持ち　打ちし大根《おおね》（意富泥）〟がでていて、山背の野菜作りの古い資料となるので、後で項を設けて説明する。

このことの五年後にイワノ媛は筒木で亡くなり、二年後に乃羅山《ならやま》に葬られた。乃羅山は奈良市の北郊とみられ、佐紀古墳群のなかのヒシアゲ古墳（前方後円墳）がイワノ媛陵に指定されている。年代はほぼオオササギのころで矛盾はない。だが何故、佐紀古墳群に葬ったかがぼくにはわからない。

筒木の北方の八幡市域にも那羅郷があり奈良と書くこともある。上奈良には御園《みその》神社があって、野菜を生産した山城の奈良御園のあった土地の見当がつく。『紀』には「皇后を乃羅山に葬る」とあるだけで国名はなく、ヤマトと限定はできない。

『記』には、オオササギと会わなかった以後のイワノ媛については何の記述もない。それだけではなく、八田皇女だけではなくその妹の女鳥《めとり》王にも目をつけた。『紀』では八田皇女を皇后にしている。

このようなことから、死後のイワノ媛のために壮大な古墳が造営されたかどうかぼくにはわからない。ヒシアゲ古墳は墳丘長二一九メートルの巨大古墳である。また葛城氏の勢力範囲でもない。ことによると山城の那羅の山にひっそりと葬られたのではなかろうか。

山背の大根とそのほかの野菜

オオササギが皇后イワノ媛のいる家の戸をへだてて詠んだのは、次のような歌である。

つぎねふ　山代女《やましろめ》の　木鍬《こくは》持ち　打ちし大根《おほね》　さわさわに　汝《な》がいへせこそ　打ち渡す
やがはえなす　来入り参来れ

近頃は店先に並ぶ大根は葉を取っていて、白い根だけのものをよく見る。だがぼくは青い葉を好む。江戸時代に菜飯といったのは大根の葉をミジン切にして飯にまぜたものである。今も昔ながらの菜飯を商う店が愛知県の豊橋にあって、二度訪れたことがある。この歌は大根の葉を知らない人には分かりにくい。

つぎねふは山代（背）の枕詞である。山代女が木鍬で畠の土を砕いて栽培した大根は、（よく茂って）葉がざわざわ音をたてている。以下は難解だが〝あれこれあなたがいうので、大勢でにぎやかにやってきた〟というような意味かとおもう。

『紀』にはもう一つ大根の白い根の部分を詠んだ歌がある。これもオオサザキの歌である。

つぎねふ　山背女の　木鍬持ち　打ちし大根　根白の　白腕　纏《ま》かずけばこそ　知らずとも言はめ

妖艶な歌である。真白い大根のようなあなたの腕、その腕を巻きあったことがなかったのなら、（私を）知らないといえようが（そうではないでしょう）。以上は『紀』によった。このときのイワノ媛の歌はでていないが、歌を返すような気持ちではなかったのであろう。

イワノ媛がいつ作ったかはわからないが、『万葉集』に磐姫皇后がオオサザキ天皇を思って作る四首が前詞をつけてでている。いずれも君を待つ歌、君への想の強い歌である。一首だけを載せよう。

ありつつも　君をば待たむ　打ち靡《なび》く　わが黒髪に　霜の置くまで（八七）

これも筒木での生活のときに詠んだ歌ではなかろうか。この歌がどうして奈良時代まで伝わったのか。それにしてもオオササギは罪作りな男だった。

ここで気づいたことがある。仁徳のころに記紀であったことがわかるのは意富泥（大根）の表記である。この章の冒頭でふれた埼玉稲荷山古墳出土の鉄剣の銘文に「意富比垝《おふひこ》」の人名があった。崇神のころの人物の大彦のことであろう。つまり大を「意富」と表記するのは、四、五世紀を通じておこなわれていたのである。

上奈良の御園近くの御園神社

奈良市にあった長屋王邸跡はそごう百貨店の建築で消滅した。運命はおかしなもので、その百貨店もしばらくで撤退した。この建築工事では、奈良時代の多数の木簡が見つかり、そのなかにかなりの荷札木簡があった。
山背御薗からの品物に付けた木簡には、大根四束と古自を進上している（和銅五年十一月八日）。古自は何に当たるか不明である。和銅七年十二月四日にも大根四束と交菜二斗を進上している。山背御薗とは天皇家の野菜畠のことで、前にあげた八幡市の御園神社（二七頁地図参照）付近に奈良御園はあったと推定される。
平安末期にできた『類聚雑要抄《るいじゅうざつようしょう》』に山城国奈良御

園が記載され、御園の産物として「瓜、茄子、蘿葡《おかね》」をあげている。蘿葡は春の七草にはいっている「すずしろ」で、野生またはもと野生の大根のことのようである。しかし京都の錦市場でみると、くき大根とか辛み大根など根の小さい、ふだん見るのではない大根があるので、それらとの関係を深める必要がある。いずれにしても、奈良時代の大根は他の野菜にくらべ高価だったのである。

都が今日の奈良市にあった奈良時代にも、山背御薗に限らず山背産の野菜への依存度は高かったとみられる。

長屋王邸に隣接した二条大路遺跡からも多数の木簡が出土しており、天平八年八月八日に田辺久世万呂が八七九個の瓜を運んでいる。これは貢納品ではなく商品として納めたとみられる。まだ確証はないけれども田辺久世万呂は今日の京田辺市か久世あたりの人、つまり筒木（城）あたりの人のようにおもう。久世万呂は七月にも瓜を奈良に運んでいる。

瓜は古代には重要な食材であり、よく栽培されていた。南山城だけでなく西山城でも栽培され、桂離宮の前身が「瓜畑の御茶屋」とよばれたことがある。とはいえ瓜作りは南山城のほうが盛んであった。平安初期の歌謡集『催馬楽《さいばら》』には、

山しろの　こまのわたりの　瓜つくり（中略）うりつくり　うりつくり　ハレ

の歌がでている。「こまのわたり」は狛の渡、相楽郡の木津川市にあって木津川に設けられた渡しとみてよい。

以上のように大根、茄子、瓜は南山城の野菜の代表とみてよかろう。このほかセリ（芹）も重要な野菜であるし、「魏志」倭人伝にある「倭地温暖、冬夏生菜を食す」の生菜とはセリの可能性が強い。このことを教えていただいたのは、中国古典に詳しい福永光司先生（故人）である。ぼくが雑談でそのことをいうと、中国の史料をあげた手紙をいただき恐縮したことがある。ぼくが知的刺激を多くうけたのは福永先生と水野清一先生（故人）である。このような方が次々に他界され、ぼくは淋しくなった。

春の七草では芹が第一にあがっている。〝セリ、ナズナ、ゴギョウ、ハコベ、ホトケノザ、スズナ、スズシロ〟で最後が蘿蔔《すずしろ》である。

小学生のころのぼくは、春になると近くの水の流れる溝へセリをつみに行って父に供した。このころは八百屋にはセリは売っていなかった。今では八百屋でセリを売っているのを見かける。

京都市南部から久御山にかけて、南山城では北寄りの湿地でセリは栽培されている。

承和五年（八三八）、京中で水田を営むことを禁じている。ただし卑湿の地では水葱《なぎ》、芹、蓮を殖えることは認めている。卑湿の土地とは低湿地のことである。ナギは古代には安価な野菜で、ミズアオイのこととみられている。

神亀五年（七二八）の正月、渤海使の高斉徳らが王の国書を奉った。その一節に「土宜賤《いやし》といえども、用て献芹の誠を表す」とある。これは喩《たとえ》の言葉か実際にあったのかはともかく、〝産物のとぼしい土地でもセリをつんで奉ることはできる〟の意味であろう。セリを食べることは北アジアの渤海でもあったのである。

応神天皇と仁徳天皇のときからの中王朝も終わりに近づいてきた。オオサザキとイワノ媛との子のイザホワケ（履中天

意祁王と袁祁王の食料を奪った山代の猪甘

皇）の長子が市辺王《いちべおう》である。市辺王には市辺押羽皇子とか市辺押磐皇子など多くの名がある。さまざまの名をもつだけではなく『播磨国風土記』美嚢《みなぎ》郡の条では「市辺天皇命《すめらみこと》」と書いているし、『紀』でも袁祁王《をけおう》の言葉として自分のことを「市辺宮に天下治し天万《あめよろづ》国万押磐尊の御《おん》裔《すえ》、僕是なり」と堂々といっている。市辺王が即位したかどうかはともかく、有力な天皇候補だったことは間違いない。

オオサザキの三男のアサヅマワクゴノスクネ（允恭天皇）の第五子がオオハッセワカタケルである（以下ワカタケルと略す）。『宋書』に倭王武とでているし、埼玉稲荷山古墳の鉄剣銘文には「獲加多支鹵大王」と記されている。雄略天皇である。ワカタケルは皇位をめぐっての市辺王のライバルとなった。

以下の話の経緯は記紀ともに詳しいが、要するにワカタケルは市辺王を殺すために近江の蚊屋《かや》野《の》に誘い出し猪と鹿の狩にことよせて射殺してしまった。そのあと『記』では「身を切って馬槽《うまぶね》（かいば桶）に入れて土（地面）と等しくして埋めた」。むごいことである。

市辺王が殺されると、危険のせまった皇子たちはヤマトを脱出した。皇子たちの名は弟のヲケ（袁祁王、のちの顕宗天皇）と兄のオケ（意祁王、のちの仁賢天皇）で、即位は弟が先になった。

皇子たちは山代の苅羽井《かりばい》まで来たとき、携帯していた粮《かて》を食べようとした。すると面鯨《まさ》ける老人が現れ粮を奪ってしまった。二人が、〝粮はやってよい。だが汝の名は何か〟というと〝われ

は山代の猪甘《いかい》ぞ〟と答えた。以上は『記』での話である。

莵羽井は綴喜郡内にあって木津川の渡があったところ、後にのべるように隼人の集団の居住地に近く、鯨面とは顔にいれた入墨のこと、この集団に属していた猪甘部のことであろう。

このあと二人は、玖須婆(樟葉)の渡で淀川をこえ、丹波の余社《よさ》郡をへて針間(播磨)国に行き、国人の志自牟《しじみ》の家で身分をかくして馬甘・牛甘となって生きのびた。志自牟は志深とも書き、今日も三木市に志染の地名がある。この村で身分をかくしていた皇子らが、ついに身分を明かすに至った場面については記紀などに詳しく、まるで一つの物語を読むようである。前に「倭王興から倭王武のころ」(『記紀の考古学』)で詳しく書いたので今回は省く。

山背に関係した後日談としては、ヲケ王が即位すると、昔、山代で二人の粮を奪った猪甘の老人を見つけ出し、飛鳥河で斬った。さらにその一族の者の膝の筋を断った。つまりアキレス腱を切断した。このことは猪甘が猪を逃がさないようにすることだ、と何かで読んだことはある。小さなことだが、中王朝は山代の隼人としっくりした関係ではなかったようである。これについては次にもふれる。

市辺王が謀殺されたあと、記紀での二皇子の苦難の生活ぶりが強調されている。これは物語としてかなり誇張された節があり、実際は播磨と丹波(のちの丹後の部分)の豪族がヲケ王とオケ王を支援していたとみられる。

今回は深入りしないが、丹波の豪族とは日下部連使主《くさかべのむらじおみ》である。日下部氏は浦島子(俗にいう浦島太郎)の子孫と伝え、丹波半島余社《よさ》(与謝)郡の筒(管)川の豪族である。播磨の豪族とはヤマトから山門領《やまとのりょう》へ派遣されていた山部連《やまべのむらじ》少楯《おたて》である。

『播磨国風土記』賀毛郡の条には、山部連小楯（伊予来目部小楯ともいう）の努力で賀毛（鴨）郡の国造の娘の根日女と二皇子との婚姻話がでていて、とても牛飼や馬飼ではなかった。なお根日女の墓と風土記がしている玉野の玉丘古墳は、実在する前方後円墳である。

山背国の筒木の大住に隼人の集団がいた。隼人は南九州の雄族だが、山背の大住隼人は近畿地方へ移住した隼人最大の集団だった。

山背の大住隼人の理解のために

筒木はすでに何度もふれたように木津川左岸にあった。以下もあとで述べるように、木津川右岸には高麗《こま》（狛、高句麗とも）系の渡来人や、葛野《かどの》に多くいた秦氏の一族も住んでいた。

筒木は郡の名ともなり、八世紀になると綴喜と表記されるようになった。綴喜郡には綴喜郷のほか大住郷があり、大住郷が隼人の居住地の核であった。

いうまでもなく大住はもと南九州の地域名で、今日も大隅半島に名をのこしている。南九州の隼人には、大隅半島に主として居住していた大住隼人と、鹿児島湾をへだてた薩摩半島に主として居住していた阿多（吾田）隼人との二大集団があった。

もう一つ注意しておいてほしいのは、大住も薩摩も古墳時代には日向国に包括され、日向国の一部であった。大隅国が日向国から分置されたのは和銅六年（七一三）である。

和銅三年（七一〇）に、日向の隼人曽君細麻呂《そのきみほそまろ》が〝荒俗を教喩し聖化に馴服《じゅんぷく》せしめた功によって、外従五位下を授けられた〟（『続日本紀』）。つまり律令政府の方針を隼人に浸透させるのにつとめたのである。ここで日向の曽とあるのは今日の宮崎県域にはなく、大隅半島の付け根の部分の広大な地である。曽は襲とも書き、二字表記では贈於とか贈唹となり、郡名として使われたが、現在、曽於市となった。

襲（曽）は古くは熊襲の勢力を構成するうちの襲のことであった。クマ（熊）は熊本県南部の山地帯、ソ（襲）は鹿児島県東部の海岸地帯で、両者が一体となることで、たがいの土地の足らない部分を補完していた。このうちのソは比較的早い時期（四、五世紀）からヤマトと親しい関係となり、熊襲から分かれた。それ以後は南九州の集団をいうのに、熊襲・隼人と区別して使われるようになる。

以上のことを示すように、大隅半島には五世紀ごろの大型の前方後円墳が造営されている。それにたいして熊（球麻）の中心とみられる熊本県人吉盆地には前方後円墳は見られない。このことは土地の貧富のあらわれではなく、ヤマトに組したか、しなかったのかの政治情勢の違いによるとみられる。熊襲のうちの熊はヤマトとは対立をつづけ、仲哀天皇は熊襲との戦で死んだという説を『紀』では記している。

『紀』には景行天皇のおこなった熊襲にたいする軍事行動が詳しく記されている。〝クマソの遠征〟などとよばれているが、景行が行動しているのはソ（襲）の地域であった。この物語からうかがえるのは、景行がおこなったとするクマソ対策はクマソからソの勢力を切り離すこととして描かれている。これは景行のときかどうかは別として、かなり事実を伝えているとみられる。ということは、先に述べた大隅半島にのこる前方後円墳が示している。

鹿児島県肝属郡東串良町に唐仁原《とうじんばる》古墳群があって、その群の盟主墳としての唐仁大塚古墳は墳丘長一三七メートルある。この規模は福岡県八女市にある岩戸山古墳と同規模である。岩戸山古墳はいずれ述べる継体・磐井戦争の九州側の当事者の磐井の墓とみられているから、唐仁大塚古墳に示される豪族、ひいては曽の豪族の力のほどが推察される。

以上、九州の熊襲について概観したのは、山背の大住隼人を理解するためである。

大住隼人と曽波訶理《そばかり》

山背の筒木に大住隼人が集団で移住してきたのは、五世紀ごろであろう。

文献史学者のなかには天武朝ごろとみた人もいるが、それは無理である。天武一四年（六八五）に大隅直《あたい》が大隅忌寸《いみき》になったことが『紀』に記されている。これは大住忌寸と書いてもよく、山背の隼人を統轄する族長のことであろう。このとき賜姓をうけた他の一〇の氏はすべて畿内の氏であることから、大隅忌寸についても居住地は見当がつくのである。

畿内に隼人が登場するのは、五世紀ごろとみられる。これについての考古学資料は前に書いたので今回は省く（『山野河海の列島史』所収の「熊襲・隼人私考」の「隼人の盾」の項）。

オオサザキとイワノ媛の長子はイザホワケ（履中）であり、つぎが住吉仲皇子《すみのえのなかのおうじ》（『記』では墨江中王、以下は中王と略す）である。中王は住吉（墨江）がつくので、大阪湾に臨んだ住吉に居を構えていたらしく、後に述べるように淡路の野島の海人を掌握していた。

オオサザキが死ぬと皇位継承をめぐって中王が兵をおこし、イザホワケのいる高津宮を囲み火を放った。イザホワケはかろうじて脱出しヤマトへ逃げた。このとき脱出を助けたのは『紀』では物部大前宿禰とし、『記』では倭漢直《やまとのあたい》の祖の阿知直《あちのあたい》としている。

中王は淡路の野島の海人に武器をもたせてイザホワケを追わせたが、倭直吾子籠《あごこ》が兵をひきいて防いだ。倭直は記紀では神武東征のときからの天皇家の重臣である。

中王の近習《きんじゅう》に隼人の曽波訶理《そばかり》がいた（『紀』では刺領布）。イザホワケ（のちの反正）は兄の信頼をえようとして、曽波訶理を離反させることをおもいついた。〝吾天皇となり、汝を大臣になし天の下治らしめんは如何か〟。つまり大臣にしてやるから主君を殺せ、と誘ったのである。曽波訶理は厠にはいっている中王を矛で刺し殺した。

このことをヤマトの大坂の山口にいたミヅハワケに知らせた。ミズハワケは仮宮をこしらえ、曽波訶理を大臣にする儀式をおこなった。儀式のなかに大鋺《おおまり》で酒を飲むところがある。先にミヅハワケが飲み、つぎに曽波訶理が飲んだ。大鋺を持ち上げ顔がかくれたとき、ミヅハワケは剣を取り出し曽波訶理の頸を斬った。隼人を利用するだけで後は抹殺したのである。

もう気づいただろうか。前項で曽君細麻呂という大住隼人の名をだした。それからみると、曽波訶理の曽とは南九州の大住（隅）のこととみられる（ハカリは計りか）。このことから曽波訶理は山背の大住隼人だったともみられる。前に中王朝と山背の隼人がしっくりいっていない節があると述べたが、曽波訶理の事件によるしこりであろうか。このようなことでは中王朝の命脈は長くはないだろう。

京田辺市の大住は昔の大住郷である。ここに周濠をもった二基の古墳がある。大住車塚（二七頁地図参照）と大住南塚である。大住車塚は墳長六七メートルの前方後円墳で、前方後方墳とみる説もある。南塚は墳丘の損傷はひどいが、車塚より少し規模が大きそうである。大住隼人の族長の墓とみられる。

一九四七年八月に、当時の大住村の役場を宿所にして四日間を車塚の測量に参加した。戦後すぐの混乱期に村役場がこんな計画をするのは珍しかった。当時は麦や高粱まじりの飯が普通だったから、三食白いご飯が食べられたのは嬉しかった。それと休憩のとき村の人が新茶をのませてくれたが、それまで味わったことのない旨さだった。

この調査中に、村人が大住の山で銅剣が出土したことがあると伝えてくれたが、それ以上は確かめられなかった。

今回考えてみると、大住の二基の古墳のどちらかが曽波訶理の墓ではないか。年代はあうし、記紀では曽波訶理は殺されたとはいえ履中や反正が天皇になるための功労者である。死後は丁寧に葬られたとみるのが自然であろう。

南九州は阿多隼人と大住隼人で墓制が違うことはよく知られている。大住隼人は前方後円墳のような高塚も営むが、集団の普通の構成員の墓は横穴または地下式横穴である。崖に墓室を掘りこんだのが横穴《おうけつ》であり、地面から竪坑を掘り、その底から横に墓室を掘るのが地下式横穴である。このような墓制は大隅半島に多いが、宮崎県南部にも及んでいる。日向隼人がこしらえたものであろう。

京田辺市の松井と八幡市との境には、横穴または地下式横穴とみられるものがある。今日のこるのは横穴の部分だけになっているが、これは大住隼人の氏人たちの墓であろう。松井の横穴群が早くから知られていたが、その北西にも横穴群と横穴式石室をもつ円墳状の小古墳からなる堀切古墳群がある。

堀切古墳群の七号墳からは、頬から顎にかけて黥面《げいめん》の顔の男子の埴輪が出土している。この埴輪は頭に冑をのせているとみられ、冑の下部を外周する幅の広い錣《しころ》にも黥面の文様に似た直弧文をつけている。

直弧文は古墳時代前期からある日本特有の文様で、葬送に関連してつける文様らしい。したがってそのことからみると、このような黥面を普段もつけているかどうか判断はしにくい。先にあげた黥面をした山背の猪甘の記事に対応させられる資料ではあるが、なお慎重に扱う必要のある資料である。

横穴は大住の北西からはじまり、八幡市の内里の丘陵まで及んでいて、隼人の居住範囲を知る手がかりとなる。内里も隼人に関係する地名であり、前に「たけし内とうまし内」でヤマトと山背の内を扱った（『山野河海の列島史』）。なお南山背の横穴は京田辺市の飯岡にもある。

天平五年の隼人計帳

太平洋戦争が激しくなり、京都にも空襲の危険がせまってきた。そのため国史学の西田直二郎先生は大住村に疎開された。

私事にわたるが、ぼくは大学院で西田先生の授業をうけた。そのときサブテキストに使われたのが慈円の『愚管抄』だった。ぼくが考古学徒でありながらも、古典を怖がらずに読めるのは西田先生の薫陶が大きい。大住車塚の測量も西田先生の発案なのである。

当時の学界に謎の史料があった。正倉院文書の一つで、隼人計帳であることは分かるのだが、どこの国のものか不明だった。計帳は毎年つくられる住民の課税台帳である。

そのころは、隼人といえば南九州の住民とおもいこまれていた。しかしこの計帳中の「調を銭でだす」個所を不可解とされた西田先生は、疎開中に隼人計帳を調べ直し、山背国の隼人、それも大住隼人の計帳であることが明らかとなり、今日では「山背国隼人計帳」とよばれるようになった。

この計帳は完全には伝わらず、したがって記載されている八五人が大住郷の全住民ではない。それと年紀の部分も欠落しているが天平五年（七三三）の計帳とみられている。

住民の多くは隼人を氏名としていて、細別の分かるのは大住隼人とある女二人、大住忌寸とある男二人（死亡）、それと阿多君吉売という一六歳の女である。のこりの大部分は隼人を氏名《うじな》としているが、地名が大住郷であることから、大住隼人がこの集団では力をもっていたとみてよかろう。

一つの戸を例にあげる。戸主は五五歳の従八位上の隼人大麻呂で正丁、右頬に黒子《ほくろ》がある。妻は隼人古売で四六歳、右目尻に黒子がある。二八人の戸の構成員のうちに一人の婢がいる。豆布《つふ》良売《らめ》といって歳は一七である。

このように計帳では隼人君足、隼人時足、隼人薬（以上男）とか隼人刀自売、隼人魚売、隼人酒（以上女）のように隼人が氏名となっている。

隼人は記紀の神話では、先祖は天皇家と同じであって名族である。どうも隼人を氏名とした背景には、そのような誇りが感じられる。そういう意味では、律令時代の隼人観はすでにかなりゆがんでいたようである。そのころの服属した隼人にはここではふれない。

山城の竹

現在のことだが、京都の竹の子（筍・笋）といえば西山城が頭に浮ぶ。京都市西京区、向日市、長岡京市など、昔流にいえば西山城である。この地域の竹の子はモウソウチク（孟宗竹）の地下茎の新芽で、これは山城の白子といって食通をうならせている。

モウソウチクの竹林は自然の竹藪ではなく、土入をしたり土起こしをしたり、さらに施肥や敷草をするなど、野菜の栽培のように手間をかけておこなわれている。西京区大枝には竹林公園がある。

西山城で今日見られるモウソウチクの竹林風景は、古代や中世にあったわけではない。モウソウチクは江戸時代に中国の江南から南九州に伝わり、さらに東へひろがった。京都に直接きたという伝承もある。だから古代や中世にあったのはマダケ（真竹）やハチク（淡竹）であった。ハチクは〝はっちく〟と発音して、その竹の子はぼくの若いころはよく食卓にのぼった。勢いのよいことを「破竹の勢い」というのは、竹を割るときの勢いのよさからついたといわれている。

中学生の時、一泊の軍事訓練が大阪府南部の信太《しのだ》山でおこなわれた。そのときの毎食のおかずがハチクの煮物であった。

山背薗司《やましろのそのし》が和銅六年五月四日に、長屋王邸に竹子十把を送っている。これはマダケかハチクの竹の子であろう。

古代のマダケやハチクの分布はまだつかめていないが、山城、それも南山城でよく産したことは間違いない。

竹は竹の子を食べるほか、竹材はさまざまの道具に利用された。近世に発達した京の茶の湯には茶匙と茶筅《ちゃせん》は必需品である。

『延喜式』の内膳司の条に、「供御月料」として箸竹四百九十株が課せられていた。竹箸である。その内訳は三百六十株を山城国相楽郡の鹿鷺《かさぎ》園が出し、九十株を乙訓園がだした。竹箸は今日でもよく使われ、ハシの字が竹冠であることをみても昔は竹がよくハシに使われたとみてよかろう。

南九州の隼人は竹をさまざまの道具に利用したし、今日もその伝統はのこっている。昭和二六年に南九州を初めて旅行したとき、地元の博物館（たしか宮崎県）に大きな竹製品が多数陳列してあるのを見て驚いた。

記紀神話のうちでも日向で展開した神話のなかに海幸《うみさち》・山幸《やまさち》の物語がある。兄の山幸から難題をいわれた弟の海幸が、海中にある海神《わだつみ》の宮を訪れるとき、情報通の塩土老翁《しおつちのおぢ》の助言によって無目籠《まなしかたま》を作り、それに入って海神の宮まで行って魚にとられた鉤《ち》（釣針）をさがしだした。隼人が竹細工に長けていたので作られた話とみられる。

弟の海幸は彦火火出見尊《ひこほほでみのみこと》で天皇家の祖先、兄の山幸とは火闌降《ほのすそり》（酢芹）命で、「是、隼人の始祖」とある。隼人の先祖はこのように天皇家の先祖と同じだった。さらに彦火火出見尊の出産のとき、竹刀でへその緒を切ったという（『紀』の第三の一書）。

マダケは矢柄としても珍重された。兵部省に属していた隼人司の条（『延喜式』）には、今来《いまき》隼人がさまざまの竹器のほか篦竹《のだけ》を負担していた。矢柄のことである。

今来隼人とは、南九州から畿内へ移住していた隼人のことで、山城、大和、河内のほか丹波、近江、紀伊にも分住していた。中世になっても隼人司の後身はつづき、それを掌握した中原康富の日記『康富記』は、今までにも何度か引用した。室町時代にも各地の隼人は朝廷によって掌握されていた。

笛を作るのにも竹がいった。宮内省の諸節会《せちえ》の規定に、笛を奏するのは大和の国栖《くず》が当り、笛工五人のうち二人は山城国綴喜郡にいたとある（『延喜式』）。隼人であろう。

母が健在のころ食べた竹の子は、煮物、天ぷら、ワカメをいれた汁物、竹の子ご飯が主だった。京都に住んでから、焼竹の子の旨さを知るようになった。

作家の司馬遼太郎さんは小食のうえに偏食で、一番好まれたのが竹の子ご飯だった。司馬さんは「街道をゆく」の『中国・蜀と雲南のみち』で竹や竹の子を書き、「筍を食べることもすきだし、食べなくても随筆を読むだけでもいい」と述べ、その随筆の名をあげている。そのあと「こういうものは現実に食べるのはおろかで、読んで想像するほうがいい。想像するだけであふれるような味覚を感じてしまう」といっている。読んだだけで食べた気分になるなんて、司馬さんは稀代の食通だったのである。

筒木と『竹取物語』

山城の竹について書いていると、平安前期にできた『竹取物語』のことも点検する必要がある。この物語の主人公はカグヤ姫と竹取の翁であり、さらに物語の展開に竹と月が重要である。

竹取の翁についていえば、すでに『万葉集』にでている。長文の前詞と長歌一首とさらに十首の歌である（三七九〇〜三八〇二）。だがここでは、竹取の翁がどこの人かは述べていない。とはいえすでに述べたように、奈良時代には山背の竹の子が平城京へもたらされていた。このように山背は竹の産地だったから、竹取りの翁が山背の人である可能性は高い。

つぎの手がかりはかぐや姫である。すでに述べたようにイクメイリ彦（垂仁）の妃のなかに、大筒木垂根王の娘「迦具夜比売」が『記』にでていて、皇子の袁邪辨王《をざべ》をもうけている。イクメイリ彦はほかにも山背の豪族から妃を娶っているし、筒木（城）は山背では重要な地名で郡の名にもなる。おそらくカグヤ姫という名は物語での創作ではなく、筒木に古くから伝わっていた姫の名を物語が借用したのであろう。

以下も『記』の話である。ワカタケル（雄略）のとき、三重婇《うねめ》（采女）が詠んだ天皇讃歌がのっている。長い歌でその冒頭にオオタラシ彦（景行）の纒向《まきむく》の日代宮《ひしろのみや》がでている。その宮を讃えたなかに「竹の根の根垂る宮」があって、竹の根が張ることが堅固な宮をあらわす言葉として使われている。これから考えると、大筒木垂根王の垂根とは竹の根が張った屋敷に住む豪族ということである。垂根王が竹の栽培をしていたことによるのか、あるいは筒木の景観を述べたものか、いずれにしてもすでにカグヤ姫と竹の関係が示唆されている。

『竹取物語』が山城の筒木（綴喜）を舞台としたらしいことは、ほかにもある。翁が竹のなかから見出して育てた姫が大きくなり、名をつけることになった。

このとき呼ばれたのは「みむろどいんべのあきた」である。これは宇治の「三室戸の忌部のあきた」であろう。あきたは姫に「なよ竹のかぐや姫」と名づけたという。なよ竹は弱竹のこと、竹の種類ではなく、女のしなやかさをいう。

『万葉集』に、吉備津出身の采女《うねめ》の死を詠《よ》んだ柿本人麻呂の歌がでている（二一七）。その初めの部分に「秋山の　したへる妹　なよ竹の」とある。人麻呂が南山背で多くの歌を詠んだことはすでに述べた。

さらに手がかりがある。それはかぐや姫の実家は「山本近く」にあるという。この山本は筒木の東隣の山本であろう。山本郷があり、和銅四年（七一一）には山本駅が置かれた。

山本駅は木津川左岸の道の要衝であるとともに、山本で交差する東西に延びる道にとっても要衝である。この道を東へとり、木津川を渡ると井手寺があった井手にいたる。西へ向かって普賢寺《ふげんじ》川ぞいに行ったあたりが筒木郷の中心とみられる。ここには筒城大寺といわれた普賢寺（現在は息長山観音寺）があり、さらに丘陵を西へこすと河内の樟葉宮があった枚方《ひらかた》市へでる。筒木から南南西へと山道をとると、大和の竜田に通じている。つぎにヲホド王（継体）の筒城宮にふれるが、筒城宮はこのように交通の要衝にあったのである。

筒木郷のすぐ北に、聖なる山である神奈備《かんなび》山が聳えている。長いあいだ、女人禁制の山だった。地理学者のなかには、平安京の設計にさいして基点をこの山に求めたと説く人もいる。山本の地名は、神奈備山または筒城岡（普賢寺川北の丘陵、同志社大学田辺校地のある丘陵か）の麓にあることからついた地名であろう。

神奈備山の北東が大住隼人のいた大住郷である。南九州での大住隼人は、襲山《そやま》ともよばれたとみられる霧島山を精神的な紐帯にしていた節がある。ちなみに阿多隼人の聖なる山は開聞岳《かいもんだけ》とみられる。山背に移住してきた隼人が、筒木の近くを居住地にしたことには、神奈備山の存在が大きい。

『竹取物語』に隼人文化の影響かと、ぼくがみるものがある。子安の貝、つまり宝貝ともよばれる子安貝である。

子安貝は古代の中国ではたいへん珍重された。今日、経済活動に関する多くの漢字に貝がつく。貧、貿、買、財、貯、販などたくさんあるが、この貝とは子安貝とりわけキイロダカラガイである。研究が進むにつれアジアでの優秀な子安貝の産地は、古くは琉球とよばれた沖縄諸島であったことが明らかになった。琉球国では、日本史でいう中世にも大量の子安貝を中国（明）に輸出していた。

日本列島では中国ほどには子安貝を珍重した様子はない。だが琉球の子安貝を輸出するうえでは、隼人のいた南九州が重要な役割をになっていたとみられる。これらのことは前に『海から知る考古学入門――古代人との対話』で取りあげたので今回は省く。

子安貝と石上麻呂、それと月の信仰

『竹取物語』でぼくが面白い個所は、大人になったカグヤ姫（以下姫と略す）に五人の貴人が求婚する件である。この五人にたいして姫は、一人ずつに違った品を入手してくるようにという難題をだした。

五人の貴族とは名を変えた人もあるが、持統朝に実在した当時の最上位にいた貴族たちである。石作りの御子は右大臣丹比真人、倉もちの御子は藤原朝臣不比等、左大臣安倍のみむらじは大納言阿部朝臣御主人《みぬし》、大納言大とものみゆきは大伴宿禰御行、いそ（磯）のかみのもろたりは石上朝臣麻呂である。

この五人は持統天皇十年（六九六）十月一七日に資人《しじん》（従者）をあたえられた人たちで、これらの人を物語で登場人物にしたことは間違いなかろう。五人が資人をあたえられた記事は『紀』にでていて、この物語の原型ができたのは平安前期よりかなりさかのぼりそうである。

五人のうちの一人の磯のかみまろたりは、物部麻呂ともいった石上麻呂《いそのかみのまろ》(以下麻呂と略す)とみられている。麻呂にたいして姫があたえた難題は「つばくらめのもたるこやすの貝」である。つまり燕が運んできた子安貝ということである。

ここで注意されるのは、姫が子安貝について知っていたという前提で物語が展開していくことである。当時の都人より南九州の人のほうが子安貝を知っていたとみることができる。

石上氏は物部の本宗家が滅んでからは、物部氏の本宗家のようになった。麻呂は近江朝で大友皇子に仕え、皇子の最後まで付添った人である。皇子の自殺のあと、その死体の処理をしたとみられる豪の者である。その後は天武天皇に仕え重臣となり、平城遷都後は藤原京の留守司を勤めた。養老元年(七一七)に死んでいる。

石上麻呂については明日香村の高松塚古墳の被葬者候補説を岡本健一氏が提出した。ぼくも有力候補とみている。

『竹取物語』では、麻呂が燕の巣から子安貝を取る場面の描写が詳しい。麻呂は子安貝取りに失敗して腰を折ったという。

高松塚古墳では頭骨は無かったものの、ほかの骨はかなりよく残っていた。この骨の研究を担当した島五郎氏(故人)によると、人骨は一体分で頭骨が見当たらず、熟年もしくはそれ以上の歳で筋肉のよく発達した男性と判断された。

普通は腐って残らない細かい骨まであったのに、頭骨がないのは不思議なことである。ぼくは平安時代後期に流行した貴人の頭骨崇拝に関係して、盗掘されたと考えたことがある。この盗掘では銅鏡などには目もくれずに、頭骨だけを持ち去っている。

作家の黒岩重吾さんは、晩年に石上麻呂を描いた小説をのこした。麻呂の生きざまに共感したようである。文人として名高い石上宅嗣は麻呂の孫である。

最後になったが『竹取物語』での月の信仰である。月は「高尾、嵐山、花園、松尾の巻」でも述べたように、奈良時代に神仙思想としての月宮の信仰が流行していた。

すでに述べたように『万葉集』に竹取の翁が作ったとする歌（山上憶良の作ともいわれる）がある（三七九一）。その歌の前詞には、春の日に丘で羹《あつもの》を煮る九人の女子《おとめ》に会い「神仙に逢へり」と感想をいっている。

野の草を摘んで、それを煮て食べる風習があったのであろうが、竹取の翁はここでも神仙界の女に出会っている。

『延喜式』では山城国の月読神社と月神社三座のうち、二座が綴喜郡にあるのが目をひく。これまで述べてきたように、ぼくは『竹取物語』の故郷を筒木（綴喜）とみている。

綴喜の月読神社は京田辺市大住にあるけれども、甘奈備山の頂にある式内社の甘南備神社も、もとは月読神を祀っていた。

大和岩雄氏は月読神社の解説のなかで、隼人と月の信仰について詳しくのべている（『日本の神々』山城、近江篇）。このように月の信仰も隼人がもたらした可能性は高い。

ぼくの見通しでは、『竹取物語』は隼人の文化の凝縮ではなかろうか。これをひも解くには、古層の文化を見出す努力がいる。つまり鹿児島県や宮崎県に、今日までのこる民俗儀礼のなかから見出す努力がいるだろう。鹿児島の民俗学者の小野重朗氏の著作のなかにも、大隅半島や薩摩半島の月の信仰が述べられていた（「民俗にみる隼人像」、日本古代文化の探究『隼人』所収）。

ヲホド王から継体天皇へ

ヲホド王（男大迹王、のちの継体天皇）は越《こし》の大王ともよばれた。五〇七年に越からの南下に成功し、河内の樟葉宮で即位した。

このときヤマト政権の大伴金村大連《おおむらじ》はひざまづいて、天子の鏡と剣の璽符《じふ》を上《たてまつ》って再拝した。このころはまだ鏡と剣の二種が璽符（神器）だった。

記紀などによると、鏡や剣を豪族がさし出すことは降伏または服属の儀式であった。ぼくはこのときもたんなる即位の式というより、ヤマト政権の降伏か服属の儀式とみている。このようにして、水野祐氏のいう新王朝は始まった。

中王朝はすでにみたように、仁徳の時から皇位をめぐっての争いが絶えなかった。住吉仲皇子や市辺王などは惨殺されたといってよい。

このような混乱とも関係があって、中王朝四代目の反正以降は、天皇陵の規模が急に縮小する傾向がつづく。安康天皇の場合は陵の場所さえもよくわからない。今日、安康陵となっているのは古城の跡とみられている。仁賢の陵も、治定通りとすると墳丘長一二〇メートルほどの前方後円墳である。

ヲホド王は応神天皇の五世の孫とする伝承はあるけれども、それほどの血縁とはいえない。わが家を例にとるのは恐縮だが、先祖の名がわかるのは三代前までである。

出自はともかくとして、ヲホド王は越で勢力を築いた新興の豪族（王）とみてよかろう。ただし日本海側は朝鮮半島や中国とも海を通して交流があるから、国際情報に詳しい進歩的な豪族だったとみられる。即位後のヲホド王は、帆舟をかたどったマークを家紋のようにしていたとみられ、海とのかかわりがあった。この点、海に面していないヤマトの王はどうしても保守的になりやすかった。

河内に来てからのヲホド王（以下継体とよぶ）はヤマトの手白香皇女を妻として皇后に立てた。仁賢天皇の娘である。ヤマト勢力とも妥協したのであろう。しかし継体はすでに越にいたときに、尾張連《むらじ》草香の娘の目子媛を妃としている。目子媛が産んだのが、のちの安閑天皇と宣化天皇である。

尾張連草香は東海の大豪族で、その墓とみられる熱田の断夫山古墳は、墳丘長が一五〇メートルの東海一の規模をもつ前方後円墳である。この規模は仁賢の陵をはるかに上まわっている。ぼくは、尾張連草香はたんに娘をヲホド王の妃としただけでなく、ヲホド王の南下にさいしても軍事的な支援をしたとみている。

ヲホド王はこのほかにも近江や河内の豪族とも婚姻関係を結んでいて、それらの豪族も新王朝の誕生を支えたとみられる。

婚姻関係はなかったが、河内の馬飼首《うまかいのおびと》荒籠もヲホド王を支援し樟葉宮の成立をも助け、さらに継体天皇の重臣となった。

馬飼は馬の飼育を大規模におこなっていた。継体のころから各地で古墳への馬具の副葬が激増することから、継体勢力を支えた力が乗馬の風習を取りいれたことが大きいとみられる。

なお樟葉宮は淀川の左岸にあり、その宮のある枚方は平潟であったと推定している。潟（江）は海岸だけではなく、川岸にもあって津として利用された。それと、枚方にはもともと百済人が居住していたことについては前に述べた。継体勢力は百済やその系統の渡来人の力を取りこんだ形跡が強く、それについては筒城宮でもいえる。

継体天皇と筒城宮

イワノ媛が住んだのを筒城宮ともいったことはあるが、すでに述べたように、それは百済系渡来人の奴理能美《ぬりのみ》の邸宅とみられる。つまり筒城宮も淀川上流の木津川左岸にあるばかりか、そこにも百済人の有力者がいた。さらにこれもすでに述べたように、筒城のすぐ北側には隼人の大集団がいた。継体はこの隼人の軍事力をも重視して、二番めの都を筒城にしたとみている。『紀』によると即位後五年で「都を山背の筒城に遷」しているから、樟葉宮より諸条件のそろった筒城に都を移したとみている。

普賢寺川ぞいに多々良の地名がある。『新撰姓氏録』には「多々良公。御間名《みまな》国主爾利久牟王の後なり。欽明天皇御世に投化。金多々利と金牟居を献ず。天皇これを誉めて多々良公の姓を賜う」（「山城国諸蕃」）。欽明は継体王朝の盛期を実現した天皇である。

御間名とは任那、つまり加羅のことである。今述べたような伝承はあるけれども、「タタラ」とは鑪のこと、製鉄とか鉄加工をいう。おそらく継体勢力も、鉄器加工の技術者をかかえていたのであろう。

「継体天皇皇居故趾」の石碑
（現在は同志社大学田辺校地の入口近くに移された）

ぼくは同志社大学が田辺校地で授業を始めて間もなくのこと、強力な磁石で普賢寺川のなかで砂鉄の有無を調べたけれども砂鉄は見いだせず、ここのタタラは製鉄ではなさそうだとの見通しをたてた。

それから間もなく一休寺のある薪の郷士塚《ごうしづか》四号墳で、鉄器加工のさいに用いる鉄《かな》鉗《はし》や鉄製の槌が出土し、多々良氏の古墳ではないかと考えた。なお鉄鉗は五世紀代には大古墳に埋葬されていることが多く、たんなる工人の副葬品ではないことがわかる。伝承では垂仁の子の五十瓊敷《いそにしき》皇子が茅渟《ちぬ》の菟《う》砥《と》の川上宮（大阪府南部の淡輪付近）で剣一千口を作っている（『紀』）。支配者層の人が自ら刀剣を作ったという伝承や話はこのほかにも多い。

「筒城宮址」の石碑は、現在は同志社大学田辺校地の入り口近くに立っている。この校地には都谷の地名はあったものの、発掘の結果では六世紀ごろの遺物や遺構は皆無である。この石碑はもと学外の平地にあったのだが、開発で邪魔者扱いされた。これも歴史遺産と考え校内に移したのである。

京田辺市に松村茂氏が居住している。写真家でもあるが水道管敷設を家業にしている。家業の性質上地下を掘ることが多く、ときどき情報がとどく。

近鉄の新田辺駅の東方少し北寄りの木津川左岸に、江町《えまち》という地名がある。ここにも川ぞいに潟（江）があったのである。この土地への天井川工事で、地下から六世紀前半の多数の須恵器が出土し、ぼくはしばらく借用して図を作ったことがある。

ぼくの見通しでは、ここは筒城宮に付属した舟付場（津）の一部とみられる。前に述べたように、オオサザギもイワノ媛もともに高津宮から舟で川をさかのぼって筒木へきている。

新田辺駅の南方には興戸《こうど》の地名があり、奈良時代の瓦を出す興戸廃寺もある。ここは綴喜郡衙《ぐんが》に関してついた地名ともみられるが、筒城宮の候補地でもある。ということは江町はやはり宮の港的性格の場所であろうか。

興戸の東方に咋岡《くいおか》ともよばれた飯岡という独立の岡があり、その東端は木津川で洗われている。この岡は木津川を見張るためには絶好の地形であり、筒城宮でも重要な役割をしていた、とみられる。

筒城とその周辺には、隼人のように南九州から移住してきた集団もおれば、奴理能美のような百済系の渡来人もいた。ヌリノミは河川交通と養蚕や絹織物業をしており、その子孫は水海連と調日佐に分かれた。また綴喜郡山本里にいた錦部田禰《にしごりたね》に関する養老七年（七二三）の文書があって、百済系の雄族の錦部氏の一部も筒城の至近の地にいたのである。

継体は筒城宮のあと西山背の弟国に都を遷し、さらに八年後にヤマトの磐余《いわれ》の玉穂に都を遷したという。ぼくはヤマトにも当然拠点はもっていたとおもうが、都を本当にヤマトへ移したかどうかについては、なお考究すべきだと考えている。

南山背の高麗系渡来人と相楽館

木津川市（元の山城町）の椿井《つばい》大塚山古墳については次章で述べる。注意してよいのは、この古墳の所在地は山城町となる以前は高麗《こま》村だった。といってこの古墳の被葬者は高麗系の人ではない。高麗人の渡来は古墳前期よりずっと新しい。

『紀』では高麗の二字を使っているが、統一新羅の滅亡後に成立した高麗《こうらい》と区別するため、高句麗を使うことがよくおこなわれる。今回は『紀』の記載どおりに表記することにした。

『紀』では欽明天皇の二六年（五六五）につぎの記事がある。欽明は継体と手白香皇后とのあいだに生まれた子で、新王朝の盛期をつくりだした。記事とは「高麗人頭霧唎耶陛《づむりやへ》らが筑紫に投化し山背国に置く。今の畝原、奈羅《なら》、山村の高麗人の先祖なり」とある。

これらの土地のうち、すぐわかるのは奈羅である。奈羅は『和名抄』に久世郡の那羅郷があって、八幡市に上奈良と下奈良という土地が今日もあることはすでに述べた。畝原と山村についてはその地名はのこらない。ことによると畝原とは後で述べる上狛、下狛、山村は多可の元の地名ではなかろうか。

欽明の時代には、高麗との国交を深めることにつとめた形跡はあるが、必ずしも成功しなかった。以下は有名な事件である。

欽明の三一年（五七〇）に日本海を渡って北陸（能登半島か）に着いた高麗の使人を、道君《みちのきみ》が天皇と称して取りこんでしまった。道君は石川県金沢市付近にいた豪族で、道教を信仰したのではないかとみられる節もある。

このことを越人の江渟臣裙代《えぬのおみもしろ》が都まで連絡してきた。江渟は江沼とも書き、越にいたころのヲホド王を支えた土地で、ヲホド王の母方の出身地である。今日の石川県南西部の小松市から加賀市にかけての土地である。小松はコマツ、つまり高麗津とみる説もある。小松市にはオンドルを備えた竪穴住居址が多く、渡来系の文化がのこっている。このように江渟氏はもともと継体の政権とは親しい関係にあった。

このような混乱があったため、欽明の政権は大あわてとなり、山背国の相楽郡に館《むろつみ》（迎賓館）を起《た》てて、浄め治めて厚く処遇することになった。さらに使人を迎えるため東 漢氏《やまとのあや》（民の誤字か）直 糠子《あたいあらこ》と葛城直難波を派遣した。東漢氏は中国系の渡来人、葛城氏は渡来人ではないが外交に長《た》けていたことは前にもふれた。

近江についた使人を山背へ運ぶため、難波津にあった飾船を狭狭波山（近江南部の山）まで引きあげた。近江と山城の境の宇治川は流れが激しく、普通では舟の通ることはむずかしい。だがこのときは人力をつぎこんでそれを可能にしたようである。

宇治川の急流を舟がのぼった気配はこの前にも一度ある。継体のときに対馬で死んだ近江毛野臣の死体を「河の尋《まま》に近江に入った」ときの妻の歌が『紀』にある。

枚方ゆ　笛吹き上る　近江のや　毛野の若子《わくご》い　笛吹き上る

もっとも近江からの下りは、流れをさかのぼる近江臣毛野のときよりはたやすかっただろう。高麗の使人の旅の途中の守護のため、さらに東漢坂上直《あたい》子麻呂と錦部首《おびと》大石らが派遣された。坂上氏は武勇の家であり、錦部氏は百済系の雄族である。このようにして相楽館で使人を饗した。ところが相楽館に使人が滞在しているうちに、欽明は病によって死んだ。このようにして高麗の使人への対応は、つぎの敏達天皇の即位後になった。

多少の混乱ののち、使人たちは帰国することになり北陸に着いた。だが大きな「鯨魚《いさな》」（クジラ）があらわれ船をこわし、使人たちは越の海岸にとどまることになった。

このように欽明から敏達にかけての高麗の使人への処遇では、さまざまな難局をもたらした。注意してよいのは、使人が長期にわたって滞在したのは山背の相楽館だった。相楽館がどこにあったかは明らかではないが、舟の着きやすい木津川のほとりにあったとみられる。ぼくは相楽館の跡地に高麗寺ができたと考えている。

高麗寺跡は、木津川右岸の木津川市上狛にある（六六頁地図参照）。法起寺式の伽藍の遺構は、国の史跡に指定されている。とくに塔心礎は、側面に舎利孔をあけるという珍しいものである。飛鳥時代に創建された山背でも古い寺の一つで、狛氏が建立したとみられている。相楽館が狛氏の勢力範囲に建てられたのは間違いなかろう。

『日本霊異記』によれば、天平年間に山背国相楽郡に高麗寺があって、栄常という僧がいた。

この僧はいつも法華経を誦したことや俗人と碁を打ったことが語られている。出土の瓦から平安時代までこの寺はあったようである。

山背の狛氏がいつ渡来したかを語る記紀の記載はない。『新撰姓氏録』によると、平安京（右京）にいた長背連《ながせのむらじ》について「高麗国鄒牟《すうむ》王、一名朱蒙の後なり。欽明天皇の御世に衆を率いて投化す。体が大きく背の間が長く、名を長背王と賜る」とある。

鄒牟は朱蒙とも東明王ともいって高麗の始祖王である。だから長背連は高麗系渡来人でもたいへんな名門であった。

長背連はもとは狛氏だった。それを示す史料がある。天平宝字二年（七五八）六月に高麗使主馬養や浄日ら五人が多可連となった。このとき、正六位上の狛広足や正八位下の狛浄成ら四人が長背連となっている（『続日本紀』）。

このように狛氏の根拠地は南山背の相楽郡だったが、平安京ができると官人となった者は京内に移住していたのである。

『新撰姓氏録』の「山城国諸蕃」の項には、高麗として狛造《こまのみやつこ》のほかに黄文連、桑原史、高井造《みやつこ》、八坂造《みやつこ》が記されている。とくに高井造については「高麗国主鄒牟（王）廿世孫汝安祁王の後なり」とある。高井造も高麗の始祖の鄒牟の子孫とする家伝をもっていたのである。

朝鮮半島の高句麗は積石塚を築く、という特異な風習をもっていた。ただしそれは五世紀になると見られなくなり、土塚が普及しだす。

日本列島で積石塚が多いのは長野県と山梨県で、それらは高麗人の移住によることが史料からも明らかである（史料は省く）。

長野県の積石塚は県下一円に分布するのではなく、北東部の旧高井郡に集中している。この郡の名は、高井氏が多いことからついた地名である。山梨県にも南北に長い旧巨麻《こま》郡があり、ここにも積石塚が多い。

このように鄒牟王の子孫と称する高井氏の最大の居住地は信濃の旧高井郡で、ここには高句麗で王以下の支配層を構成した氏も、ともに移住してきている。これについては前に長野での講演で述べた（「信濃の馬、積石塚と渡来人」『「シナノ」の王墓の考古学』所収）。

先にあげた天平宝字二年の賜姓で、高麗氏が多可《たか》氏に改められた。これに関する地名と推定されるのが山城国綴喜郡の多可郷（井手町多賀）で、ここには式内社の高《たか》神社（二一七頁地図参照）が鎮座している。今日では祭神はイザナギとイザナミなどになっているが、小字名を「天王山」ということなどから、本来は先祖の鄒牟王を祠っていたかと推測できる。

多可は奈良時代になってての地名を二字表記にする流行で生まれたとみられ、もとは「高」一字だったのだろう。

『万葉集』に山背の高の槻群（群生）を詠んだ高市連黒人の歌はあるが省略する（二七七）。この歌は持統・文武のころに作られたとみられ、高が多可になる以前の高を伝えている。

山背の高麗系の渡来集団に黄文氏がいる。壬申の乱のとき活躍した黄文造大伴も山背を本貫にしていたとみられる。山背の黄文氏は久世郡久世郷に拠点があった。おそらく、久世神社の北西至近の地にある平川廃寺が黄文氏の氏寺であろう。

平川廃寺は奈良時代に建てられた法隆寺式の伽藍配置の寺跡で、とくに瓦積基壇の塔跡の規模は大きく、七重塔だったとみられている。前に発掘中の平川廃寺を見学すると、漆喰を塗った壁の破片が多数出土していて関心をもったことがある。

黄文氏は土麻呂、川主、黒人などの画工を輩出している。なかでも天智から持統のころに活躍した黄文連本実は唐に行ったことがあり、仏足跡図を写して帰国したことがある。高松塚古墳の壁画を描いた候補の一人にあげられていて、その可能性は高い。ということは持統天皇や文武天皇の死にさいして、作《さく》殯《ひん》宮《きゅう》司《し》や御装束司になっていて、終末期古墳を荘厳にする役を務めたとみられる。このほか桑原史もいたとみられるが、それほどの勢力にはならなかったようである。

第3章　南山背の古墳時代

記紀が語っているのは、考古学でいう古墳時代にほぼ当たっている。記紀の最初の部分の神話がまったくの作り話か、それとも多少は歴史を反映しているのかはむずかしいことだが、ぼくは神話からも歴史はさぐれるという立場である。とはいえ神話から歴史を読みとるのは容易なことでないのは、いうまでもない。

古墳時代前期とは

古墳時代は時の流れとともに変化が激しく、そのため前・中・後期の三期に分けることがよくおこなわれている。ぼくも三期に区分するのが理解しやすいとみている。さらに後期のあとを終末期としている。歴史学でいう飛鳥時代にほぼ当たる。この時期は、古墳の造営が天皇、皇族、上位の貴族、有力な豪族など上層の人たちに限られ、それに後期のように全国各地、ときには村々にいたるまで古墳があるというわけではなくなる。それを古墳時代終末期にした。なお飛鳥時代については、ぼくは飛鳥の隣接地にできた藤原京があったときまでを飛鳥時代に含めている（飛鳥時代前期と後期に分ける）。人によっては天智天皇以降を「奈良前期」ということもあるが、奈良に都ができるのは七一〇年の平城遷都以降であるから、この言葉では誤解をあたえる。

前期、中期、後期のうち、南山背《やましろ》に大きな動きがあったことが古墳のうえに示されているのは前期と中期であり、以下はこの二期に記述を集中する。

その前に後期について一言述べておこう。この時期は日本列島各地で小型の古墳（円墳が多い）が爆発的な勢いで造営されている。それらの古墳は群集墳とよばれる古墳群の形態をとって存在することから、この時期を「群集墳の時代」とよぶこともできる。したがって、多くの都府県では、古墳総数のうちの七、八割、あるいはそれ以上を占めるのが後期古墳ということはよくある。

ところが南山背では大きな群集墳が少ない。さらに終末期にも、典型的な古墳の数は寥寥《りょうりょう》たるものがある。

すでにふれたように、南山背に建立された初期の寺院の数は近畿全域でも突出していて、政治力や経済力をもった氏族が少なくはなかったとみられる。このことから考えると、後期と終末期での南山背の古墳のあり方が目立たないということは、それ自体が一つの研究課題となる。以上を指摘して前期と中期の問題点に移る。

古墳前期と三角縁神獣鏡

古墳前期（以下前期と略す）とは三世紀末から四世紀末までの約百年間をいう。この時期の初めに突如としてヤマト（奈良盆地南東部、桜井市から天理市南部）に強大な政権、いわゆるヤマト政権が成立したことは間違いなかろう。

ここでも先に注意しておきたいことが一つある。奈良盆地全域を「大和」と表記し、大和政権とか大和の古墳文化などということが当たり前のように使われている。しかし「大和」の二字の表記は八世紀中ごろに初めて使われるので、古墳時代、まして弥生時代に「大和」の二字表記できる地名はない。

使用する漢字によって人びとに誤解をうえつけるのは、暗黙のうちに大和中心主義に加担していることになる。日本列島の歴史をみるのに、地域史を重視する立場からは容認できることではない。本書で「ヤマト」と表記しているのは、ぼくの苦渋の気持ちを示す実践である。

前期には古墳の造営が活発で、短い時間帯にさまざまの面での変化があった。よほど死後にたいする強い信仰がひろがっていたようである。その変化をとらえるため、前期を初現期、前半期、中葉期、後半期という四つの小期に細分することにする。

すでに述べた城陽市の芝ケ原一二号墳は、初現期もしくは前半期の古墳である。中葉期は日本列島で爆発的に流行する三角縁神獣鏡が古墳に埋納されだすのが特色の一つである。さらに三角縁神獣鏡が一つの古墳に一〇面からときには三〇面というように、大量の数が埋納されることもあるし、埋葬に長大な刳《く》り抜《ぬ》き木棺を用い、それを竪穴式石室をこしらえて保護することがおこなわれた。

このことからみると、前半期とは定型的な三角縁神獣鏡の出現以前ということが一つの目安となる。奈良県ではいずれもヤマト地域にあるホケノ山古墳、中山大塚古墳、下池山古墳、柳本天神山古墳などがある。天皇陵古墳になっているのでまだ詳しくは知りえないが、箸墓古墳、西殿塚古墳もこの時期のものだろう。

中葉期の古墳として全国的に有名なのは、木津川市（もと山城町）の椿《つばい》井大塚山古墳である。残念なのは、この古墳については考古学で一番大切な遺物の出土時の記録がないことである。しかし幸いに奈良盆地のヤマト地域の黒塚古墳の学術調査が一九九七年に行われ、椿井大塚山古墳と類似点が多く、椿井大塚山古墳の不備な情報を補えるようになった。

黒塚古墳では三三面の銅鏡が木棺外に整然と埋納されていた。木棺のまわりに築かれた竪穴式石室との間の狭い空間に銅鏡が並べられている状況が確認された。これらの銅鏡はすべて三角縁の鏡である。細かくみると一面が三角縁盤龍鏡であり、のこりの三二面は三角縁神獣鏡であった。

なお棺内、つまり遺骸のそばには一面の平縁神獣鏡が副葬されていた。ぼくは副葬と埋納を区別して使うようになった。

黒塚古墳で確認された三角縁神獣鏡は棺外に埋納されていた。三角縁神獣鏡が死骸をおさめた棺を守る葬具もしくは呪具の役割をしていたことについては、すでに戦後間もなくの一九四七年におこなわれた大阪府茨木市の紫金山古墳で確認されていた。

だが紫金山《しきんざん》古墳での発掘からは、遺物の出土状況から学ぶという考古学の基本がおろそかにされ、三角縁神獣鏡のもつ同型、同笵関係の研究という遺物への関心に集中した。さらに三角縁神獣鏡を「舶載鏡」であり、「魏鏡」と断定し、あげくの果ては「卑弥呼の鏡」というような想像の世界への飛躍が強引に喧伝された。これは学問の進め方としては不思議というほかはない。

一九四七年五月、ぼくは同志社大学予科の学生だった。今日流にいうと高校三年生だった。ぼくは二日間つづけて、学校からの帰りに発掘中の紫金山古墳を見学した。この発掘は梅原末治先生が担当されていた。ぼくはすでに先生の知遇をえていたので、見学の便宜をあたえられたのである。

古墳を見学した夜、ぼくはノートに細かい記録を書いた。出土した鏡のことを書いた個所を引用すると、竪穴式石室の木棺があったと推定される棺の内部には平縁の方格規矩《きく》四神鏡一面が副葬されていた。

棺外の前と後ろ、石室の壁との間の狭い空間に三角縁神獣鏡一〇面と超大型の平縁の勾玉文鏡一面の計一一面の鏡が置かれていた。

このように銅鏡を棺内と棺外に区別して置いていることは、古代人からの重要な伝言とみられる。残念ながらそのような出土状況からのサインにはほとんど留意されなかった。

その夜のぼくのノート（「古墳研究」3、未刊行）に、つぎのような観察が記されている。勾玉文鏡の「ほかは、すべて三神三獣鏡で、（それらは）三角縁鏡であり、面白いのはすべて鋳放しで、なかには鈕の孔がまったく（土で）ふさがっているのがあり、すべて鋳放しの点は問題があり、大型の鏡も鈕の孔が鋳放しだった」（一部漢字は平仮名に直し（　）で言葉を補った）。ぼくが以上の文章を書いた一九四七年には、まだ「三角縁神獣鏡」という言葉は定着していなかった。たしか後藤守一先生が使われたのが早い例だったとおもう。

ぼくは長い間このような観察を書いていたことを忘れていた。今回このノートを読み直し、当時のことを想いだそうとつとめた。見学の折に鏡全部を拝見した記憶はない。とすると鋳放しであることは、発掘関係者の誰かから教えられたのだろう。そのことについてノートでは何も書いていないけれども、梅原先生の可能性はある。細かい詮索はもう無理とはいえ、当時発掘に当った人のなかに、三角縁神獣鏡の鈕孔《ちゅうこう》が鋳放しになっていることに気づいていた人のいたことは確かであろう。

その後の写真撮影にさいして、鏡の錆をおとしたりするいわゆるクリーニングが何度かおこなわれたのであろう。ほかの古墳の例だが、撮影にさいしてのクリーニングで鏡に付着していた織物（絹）がすっかり無くなったことがあるのをぼくは知っている。クリーニングによって見かけは奇麗になるが付着している絹織物の断片を無くしたり鈕孔につまった鋳物土を除去してしまうことは歴史の改竄《かいざん》に手をかしたことになる。それと防錆処置のほどこされた鏡の銘文が、それ以前より読みにくくなった例も知っている。

本当の遺物学とは、そういうことにも細心の注意を払うことだとおもう。もし異論のある遺物学者がいるのなら堂々と意見を述べてほしい。ぼくは六〇年あまり前の自分のノートに拍手を送りたい気持ちがしている。

本書では三角縁神獣鏡について詳しく述べる余裕はないし、すでにぼくの考えは長年のあいだに何回も述べている。

作家の松本清張氏は、一九七三年に刊行された『遊古疑考』に「三角縁神獣鏡への懐疑」の章を作った。この文は一九七一年に雑誌『芸術新潮』に「遊史疑考」として連載されたのだった。そのなかの「森浩一の意見」において、ぼくの意見を一五にまとめて引用してくれている。今日ではその疑問は二〇をこえているが、これほど早い段階で丁寧に学説をまとめられた作家の能力には敬服する。考古学者でない作家でも、きちんと人の学説を読みとることはできる。

いわゆる三角縁神獣鏡舶載鏡説（魏鏡説）をとる人びとのなかで、清張さんのようにぼくの主張の根拠を整理して、そのうえで批判した形跡のある人には今日まで一人も出会っていない。反対説には一切目と耳を閉ざして想像の説に酔いしれているようにぼくの目には映っている。

学問とは真実の探究のために死にもの狂いの努力をつづけることである。

黒塚古墳の発掘で三角縁神獣鏡が化粧具ではなく葬具、呪具として大量製作されたことが明らかとなっても、まだ黒塚古墳の三角縁神獣鏡を「卑弥呼の鏡」というような非歴史的な言葉を使ってよんでいる鏡の専門家なる人がいるのは、もはや茶番をこえている。なお「卑弥呼の鏡」という表現の非歴史性を最初に指摘されたのは水野祐先生である。

とはいえ初めて読む人のために、三角縁神獣鏡についての見どころをごく簡単に述べることにする。

この鏡は鏡の種類（鏡式）として、日本の古墳の出土鏡では一番数が多い。俗っぽくいえば、一番ありふれた鏡なのである。すでに日本各地から五〇〇面が出土している。おそらく古墳時代には少なくともこの十倍は存在したとみられる。

この種の鏡は中国での出土はなく、〝中国で作られ船載された〟という説をたてること自体が無理である。それと本場の中国で地域差がみられ、魏があった華北と呉の中心の江南では鏡の流行がかなり異なっている。

そのことを理解するために三角縁神獣鏡の特色を先に知る必要がある。まず華北には稀な大型鏡（直径二二センチ前後）であること。これにたいして江南には大型鏡もある。

鏡の縁は華北では平縁だが江南のごく一部には三角縁はある。

もう一つは三角縁神獣鏡の鏡背の主要な文様が神獣文、つまり不老長寿（不死）の理想郷である神仙界をあらわした図文であること。この原型となる画像鏡は江南にはあることである。画像鏡も神仙界をあらわしているが、文様の表現方法が異なっているので別の言葉でよばれている。

以上のように三角縁神獣鏡の原型となる鏡は、江南（江南でもかつての越《えつ》の都のあった紹興の周辺）には見られることは注意しておいてよい。

ぼくの見通しでは、三角縁神獣鏡は中国から東渡してきた工人と弥生系の工人とが合流して大量生産に当たったとみられる。

弥生系工人のもっていた技術として、大量生産のために用いたのが同型・同笵の技術である。これは一面の鏡か原型《もとがた》から多数の鋳型を作って、同形・同大の鏡を作りだすことである。すでに一〇面も同型・同笵で鏡が作られたことも知られている。よく注意してほしいのは、弥生時代（とくにその中期と後期）に弥生の工人が同型・同笵の技術で銅鐸を作っていて、なかには一〇個の銅鐸がこの技術で作られた例も知られている。

九州の伊都国では、弥生中期後半に銅鏡を同型・同笵の技術で作っていて、三角縁神獣鏡で駆使された製作技術の先行例が弥生時代に北九州の伊都国で行われていたことも近年明らかとなってきた。

このほか中国での化粧具としての鏡は鋳放しではなく、鈕孔を含め丁寧に加工しているが、三角縁神獣鏡には鋳放しがよくあることにも注意してよい。これらが三角縁神獣鏡を知るための基礎知識である。

つぎの項に移るまでにもう一つふれておかねばならないことがある。

前期のうちの後半期についてである。この時期には木棺は使っているものの、竪穴式石室よりも木棺を粘土で被覆した粘土槨《かく》が流行する。三角縁神獣鏡はなお流行しているとはいえ、銘文のない獣文帯の三神三獣鏡が大量生産の技術で作られている。魏鏡説をとる人も、この種の鏡は仿製と認めている。〝粗製品なら日本でも作れた〟とする劣等感による考えである。

この時期には神獣文以外のさまざまな文様の鏡（仿製鏡《ぼうせいきょう》ともいう）も作られた。三角縁神獣鏡への信仰が薄れだしたのである。

京都府南丹市の園部垣内《かいち》古墳や奈良県橿原市の新沢《にいざわ》茶臼山古墳（新沢千塚五〇〇号墳）、さらに奈良県の馬見《うまみ》古墳群に属する宝塚古墳や新山《しんやま》古墳などが、この時期に属している。宝塚古墳の家屋文鏡や新山古墳の直弧文鏡はこの時期の鏡を代表する。

椿井大塚山古墳と黒塚古墳の調査

椿井大塚山古墳は、木津川の流路が西から北へとかわる屈曲点近くにある（六六頁地図参照）。木津川の流路は今日よりもこの古墳近くを流れていたとみられている。

この古墳の前方部先端のすぐ西方の平地に、「舟戸」の土地名があったことはきわめて重要である。いつかの時代に、河川交通に従事していた者が住んでいたようである。

椿井大塚山古墳の遺物といえば三五面の銅鏡が有名だが、鉄製の銛、釣針、簎《やす》などの漁具があって、この古墳の被葬者が生前に川と関係をもっていたことが示唆される。とはいえ、そのことはこの被葬者の姿のごく一面であろう。

紫金山古墳の遺物にも鉄の銛《もり》が一七個あって「弥生、古墳時代の漁撈、製塩具副葬の意味」で指摘したことがある（『考古学と古代日本』）。

椿井大塚山古墳は墳丘長一七五メートルの前方後円墳である。東から西へとつづく山の尾根の先端部分を墳丘の造営に利用し、後円部側で尾根を切断している。だから完全な造山《つくりやま》ではなく、同規模の造山にくらべると積みあげた土量は少ない。

空から見た椿井大塚山古墳
（中央下が前方部、1964年９月26日撮影）

黒塚古墳は墳丘長は一三二メートルの前方後円墳で、現状では墳丘の周囲に水をたたえた濠がめぐる。ただしこの周濠が本来あったのか、それとも室町時代末に墳丘全体を柳本城の一部として取りこんださいの工事なのかはまだわからない。それはともかく墳丘長は一三二メートルとはいえ、積みあげた土量は椿井大塚山古墳とさほどの差異はなかろう。

黒塚古墳では竪穴式石室の上部が自然崩壊（地震によるか）していた。それが幸いして盗掘を免れ、そのため埋葬時の状態をよく伝えていた。石室の内法《うちのり》で測ると長さは約六・五メートル、幅約九〇センチと細長く、その内部にクワ科の巨木を使った長大な刳《くりぬき》抜式の木棺が安置されていたとみられる。椿井大塚山古墳の石室は内法では約六・九メートル、幅約一・一メートルで、内部にコウヤマキ（高野槙）製の長大な刳抜式の木棺を置いていたと推定された。

このように墳丘の構築法や規模ではやや異なるとはいえ、使用の木棺とそれを取り囲む竪穴式石室の形や規模には共通性が強くあらわれていた。この類似点は、偶然におこったものではなかろう。

以上の点は三角縁神獣鏡を多数埋納していた紫金山古墳、奈良県の外山《とび》茶臼山古墳、兵庫県の西求女塚古墳、岡山県岡山市の湯迫《ゆば》車塚古墳にも通じてみられることである。

黒塚古墳の三三面の三角縁神獣鏡のうち、じつに一〇面に椿井大塚山古墳の三角縁神獣鏡と同型・同笵の関係が認められた。木棺や竪穴式石室の形や規模が類似していただけでなく、どこかの土地（ヤマトの鏡作郷か）で制作された鏡を二つの古墳の被葬者が分有していたのは注意してよかろう。

かつて小林行雄氏は椿井大塚山古墳を要《かなめ》とした同型・同笵鏡の分布表を作ったが、黒塚古墳の例が見つかったことによって、ヤマトと山背を要としての分布表もできるとみている。

椿井大塚山古墳の石室は、後円部の中央を切断して通っているJR奈良線の路線の拡張工事中に発見され、大部分の遺物は考古学者が駆けつける前に石室外に持ち出されていた。

考古学では遺物を三種に分けている。一等遺物とは出土地が分かるだけではなく出土状況が分かるもの。二等遺物とは出土地は分かるものの出土状況の記録を欠くもの。三等遺物とは偽物ではないが出土地等が不明のものである。
重要な学説をつくるのは一等遺物でおこなうべきことは、学問の進め方としては鉄則で、二等遺物は参考にとどめるべきである。

幻の発掘報告書

一九六四年三月に「京都府文化財調査報告」の第二四冊として『椿井大塚山古墳、附、向日町元稲荷山古墳』が出版された。椿井大塚山古墳の個所は梅原末治先生の苦心の執筆であり、このなかに工事関係者からの聴取などによって「石室内副葬品等遺存状況聴取指示図」が掲載されていた。当時のこされた唯一の遺物配置状況についてのメモである。

このタイトル中の「副葬品」は、現在なら「副葬・埋納品」とすべきではあるが、銅鏡類が左右の壁の直下に列状に配置されていたと推定されていた。この推定は黒塚古墳での三角縁神獣鏡がすべて棺外の石室の壁面直下に列状に配置されていたことと見事に符号していて、正鵠《せいこく》をえた推測だったといってよかろう。

この報告書の別刷は直接に梅原先生からいただき、今日も大切に使っている。ところがこの刊行をめぐって関係者の一人が京都府教育委員会に抗議をし、それによって正式の刊行は見合わされたと仄聞《ほんぶん》している。このとき問題となったことについては、梅原先生からうかがったことはあるが書くことはひかえる。

それにしても椿井大塚山古墳の遺物出土状況を推測され、図にのこしたのは梅原先生だけである。他の人たちは発掘関係者とはいえ、遺物としての銅鏡の研究だけの関心しか示さなかった。

不幸にして発掘報告書は陽の目を見なかったとはいえ、ぼくは梅原先生の努力を評価している。

京都府の発掘報告書（以下、先の報告書とする）が刊行されたのは一九六四年だった。しかしその刊行は幻となった。それから三三年たった一九九七年に、山城町から『昭和二八年椿井大塚山古墳発掘調査報告書』（以下、後の報告書）が刊行された。ぼくには幻となった京都府の報告書の行方が気になる。

椿井大塚山古墳の被葬者像

椿井大塚山古墳に多数の三角縁神獣鏡が埋納されていたとはいえ、それは当時（前期中葉期）の死後の世界観にたいする信仰の強烈さを示すものであって、必ずしも被葬者の生前の姿を知る手がかりにはならない。

副葬品・埋納品のうちに武器・武具がある。武具のうち比較的遺存のよいのは小札《こざね》をおどした鉢形の冑と、長方形の鉄板の古式の甲（定形以前の竪矧板《たてはぎいた》をとじた短甲）があったことを推測させる。とにかく被葬者は当時としては数少ない鉄の甲冑で武装することができたのである。

鉄刀七本のなかに長さ九三センチの直刀があり、頭部が素環頭《そかんとう》となっている。これも前期古墳の鉄刀としては傑出した優品といってよかろう。工事関係者が石室の中央部にあったと記憶していて、副葬品であろう。

鉄剣は約一〇本分ある。このほか茎《なかご》が長く鉄槍として使われたとみられる剣状の槍が七本ある。各種の鉄鏃《ぞく》は約二〇〇本ある。鏃《やじり》の形からみて、前期中葉期としてもやや後のころかとみられるものも含まれている。

銅鏃は一七個ある。舌《ぜっ》状の鋳造品で小孔を一つあけている。これは園部垣内古墳にあったような、矢じり挟みを付けて矢柄に着装するものである。おそらく木製の矢じり挟みがあったのであろう。

鉄刀や鉄剣も木棺の周囲に置いて死者を守るための用途のものもあるが、甲冑や武器のなかには被葬者が生前に持ったものもあるだろう。要するにこれらの武器・武具類からは接近戦とやや離れた距離からの弓矢による合戦をおこなったらしいことが想定される。椿井大塚山古墳の被葬者の生前の主な姿は武人とみてよかろう。

椿井大塚山古墳の出土遺物のなかに玉類や石製の腕輪形宝器がないことが疑問視されたことはある。盗掘のさい持出されたのではないかという疑念である。だが玉類については一点のこらず取出すことは容易ではない。とくにガラス製小玉は土を篩《ふるい》にかけないと必ず少しはのこる。

この疑念は黒塚古墳の発掘で解消した。黒塚古墳は当初の遺物の配列状況がよく保存されていて、銅鏡は三四面も出土したのに玉類と石製の腕輪形宝器は一点も見られなかった。すでに述べたようにこの二基の古墳には類似点が多く、この点にも共通した被葬者像がうかがえた。

古墳前期の服飾を考えると、この二基の古墳の被葬者が生前の生活で玉類を一切身につけていなかったとは考えにくい。ということは、古墳に埋葬するさいには装身具を用いなかった、ということであろう。

ぼくの体験では、前期古墳では遺骸は多くの場合腐っていて土となっている。だが朱の用いられた範囲や遺物の配列、さらに棺のごくわずかの傾斜などから、遺骸のあった位置は推測できる。

もう一つの難問は、被葬者の性別である。刀剣は遺骸を守る葬具・呪具とすることはよくあるので、刀剣の有無は性別推定の根拠にならない。だが弓矢の埋納を示す鏃《やじり》（弓は多くの場合腐っている）は男性に限られ、女性の被葬者に伴う例は知られていない。黒塚古墳にも一七〇個ほどの鉄鏃《ぞく》はあった。この点から二つの古墳とも被葬者は男性とみてよかろう。

椿井大塚山古墳のその他の遺物として、鉄製の工具類がある。斧頭、鉇《やりがんな》、錐、鑿《のみ》などで、このほか鎌三個と刀子一七本がある。鎌は一般的には農具だが、古墳造営時にも必要となり、その場合は広義の土木具である。刀子は工具としても使うが、古墳時代から奈良時代に霊力をもった宝器として使われている。ここではそのことをメモするにとどめる。

ぼくは椿井大塚山古墳と黒塚古墳の被葬者は、ともに初期のヤマト政権に属した武人の性格の強い人物で、椿井大塚山古墳の主は、先にみた山背の武埴安彦事件のあとにヤマトから派遣されてきたとみる。

これらの人物はともに死後には遺骸を地下で永久に保存されることを強く願い、遺骸を守るための葬具・呪具として多数の三角縁神獣鏡や刀剣を用い、さらに巨大で重厚な木棺に納め、さらにその周囲に石室を築くという、一連の葬送の仕きたりを実現したのである。このような死後の世界像とそれらへの対処をいいだしたのは、ヤマト政権内の宗教担当者（前にみたモモソ姫的な存在）だったのであろう。

椿井大塚山古墳の『昭和二八年椿井大塚山古墳発掘調査報告』では、幻の「先の報告書」よりも随所で三角縁神獣鏡について「中国鏡」とか「舶載鏡」の言葉を濫発《らんぱつ》している。

学界では強烈な疑問が深まりつつあるなか、公の出版物を通してこのような知識をまき散らすことは公正な行為とはおもえない。

また造営の年代を一時いわれたよりは新しくしたが、なお「四世紀初頭」としたのは三角縁神獣鏡を「魏鏡」としたことに辻褄をあわせたためとみられる。ぼくはすでに述べたように前期の中葉期、そのなかでも新しい時期、あえて暦年代をいえば四世紀中葉でも後半にかかるころかと今は考えている。つぎにそのことについて簡単に述べる。

同笵・同型の三角縁盤龍鏡

黒塚古墳の三三面の三角縁鏡はすべて棺外に置かれていた。細かく見ると三二面の三角縁神獣鏡は東壁と西壁の北の部分、つまり遺骸のあったと推定される個所の左右にギッシリと置かれていた。ところが棺外でも真北、つまり専門用語でいう棺の北側の小口の外側に置かれていたのが三角縁盤龍鏡（一七号鏡）である。棺の北側の小口とは、棺内の遺骸の頭部の外側ということでもある。

黒塚古墳の一七号鏡には、四面の同笵・同型鏡がすでに知られている。なおぼくは今まで丁寧に同笵・同型鏡としてきたのは、同じ鋳型から作る同笵鏡と、同じ原型から別々の鋳型を作って製作する同型鏡とが、出来上がった鏡からは判定がしにくいので便宜上使った。おそらく大部分は同型鏡であろう。

じつは四面のうちの一面は、一九二六年にぼくの手で発掘したものだった。大阪府和泉黄金塚古墳の東槨の出土である。この鏡は直径二四・五センチと普通の三角縁神獣鏡よりも少し大きく、銘文はないけれども鋳上がりのよい鏡である。

和泉黄金塚古墳の東槨にはかなりの棺材と、前期古墳としては珍しく人骨の頭部がのこっていた。しかも人骨は壮年の男子と判定された。

この頭骨を三方から囲むようにして三面の鏡があり、左右には平縁の神獣鏡を密接して置き、後方で頭骨にたてかけてあったのが三角縁盤龍鏡であった。その位置は棺内の小口に近く方位では頭骨の北東だった。

この鏡の主たる文様は二匹の盤龍だが、文様の間に二羽の頸を交えた鳥、魚をつつく鳥、亀や昆虫などユーモラスな小さい文様で埋めていた。この文様は黒塚古墳一七号鏡にも認められた。

椿井大塚山古墳でもこの同型の三角縁盤龍鏡は出土していて、梅原先生は「この種の大きい三角縁盤龍鏡はなお中国本土での出土例は知られていないが、我が国では出土例の少なくないものである。数面を超える既知の此の類のうち大阪府和泉黄金塚から出た一面は同笵の所鋳と認められるものである」と的確に記述されている。

これにたいして樋口隆康氏執筆の山城町刊行の「後の報告書」では、梅原先生のような丁寧な三角縁盤龍鏡の記述がない。

和泉黄金塚の東槨には、すでに定形式の三角板革綴の短甲が埋納されている。このように前期古墳としても中期的な特色があらわれていて、はやくても四世紀末、おそくて五世紀初頭の年代とみている。この年代は、四面の同型鏡のある三角縁盤龍鏡の年代の下限を示すものとみてよかろう。

この種の鏡のもう一面とは、愛知県愛西市にある奥津社古墳の出土と伝える。ぼくは実物を点検したが、他の三面にくらべ同型鏡とはいえ製作が粗い。おそらくこれはできあがった鏡から鋳型を作って製造したいわゆる「踏返し鏡」（ふみかえ）であろう。「踏返し鏡」も広義の同型鏡に含めるが、製作の時の点ではかなり異なる。

それよりも黒塚古墳と和泉黄金塚古墳東槨では、三角縁盤龍鏡の置かれ方に共通点があった。このことから推測すると椿井大塚山古墳でも、三角縁盤龍鏡は石室内の北寄りの棺外にあったのではなかろうか。「後の報告書」では工事関係者の記憶として「北壁に鏡一面を立てかけ」てあったと記している。これは三角縁盤龍鏡のことではなかろうか。

それにしても棺の北辺を盤龍鏡で守ろうとしたことには、当時の人びとが鏡の主たる文様、例えば盤龍文と神獣文の違いを明確に理解していたことを示している。ぼくも時間に余裕がでたら、三角縁以外の盤龍鏡についても出土状況を検討したく考えている。

いずれにしてもこれから椿井大塚山古墳を資料にしようとする人たちは、「舶載鏡」「中国鏡」まして「卑弥呼の鏡」など、学術用語めいた虚言的語句にまどわされることなく着手すべきだとおもう。古墳前期は人びとの想像以上に、知識や技術面において高い水準にあったのであろう。

椿井天上山古墳の墳丘内の土器片

椿井大塚山古墳の封土内に土器片が包含されていることは、すでに「先の報告書」で指摘されていた。古墳の造営にさいしての採土地に包含されていた土器片が、土の運搬にともなって運ばれ墳丘内に二次的に堆積することは珍しいことではない。時たまこれらの土器片を古墳の築造年代を知る資料と強弁する人もいるが、とんでもない誤認である。

椿井大塚山古墳の南方約五〇〇メートルに、凹地（谷）をはさんだ尾根があって、椿井大塚山古墳と同じように平地のある西方向に前方部をおいたとみられる椿井天上山古墳がある。
墳丘は後世の改変がひどく、本来の墳形や規模、さらには埋葬施設については分りにくいが、前方後円墳の可能性は高い。その場合も、大きくても墳丘長八〇メートルぐらいの規模と推定される。年代は椿井大塚山古墳よりは新しく前期の後半期とみられる。

このように椿井天上山古墳についての情報は多くはないが、発掘によって古墳築造以前の弥生後期後半の土器埋納遺構が見つかり、この尾根上に弥生系の高地性遺跡があったことが確実となった。おそらくその一部が椿井大塚山古墳の採土場にも及んでいたのであろう。

弥生系の高地性遺跡とは、戦乱による長期の混乱がつづき、そのために逃げ城的な集落を見晴らしのよい丘陵や山の尾根上、ときには山の中腹に営んだのである。

このような日常生活に適さない地形に居住地を営んだことは、日本史上では弥生時代（とくに後期）と室町時代（その後半の戦国時代）の二回にあった。ときには戦国時代の山城跡を発掘していると、いつしか弥生時代の高地性遺跡がではじめることすらある。

弥生系の高地性遺跡の研究は戦後に始まった。遺跡学としての考古学のもたらした大きな成果である。この研究は、山口県の島田川流域で山口大学（当時）の小野《おの》忠熈《ただひろ》氏が先鞭をつけた。小野さんはその研究を全国にひろめるため、合宿をして島田川流域の高地性遺跡を巡検したことがある。

そのころぼくは同志社大学田辺校地内に保存されている田辺（三山木）天神山遺跡の発掘を終っていた。発掘したての遺跡をこの問題に関心をもつ各地の研究者にみてもらい、小野さんの意見をお聞きするため、田辺天神山遺跡のほど近くにあった同志社女子大学の運動部の合宿所に小野さんとともに合宿して勉強会をしたことがある。寺沢薫君が卒業直後のときだった。

この合宿と遺跡巡検は一泊二日の行事だったが、各地の研究者が共通の問題意識をもつうえで重要な役割を果たした。そのあと小野さんの編集で『高地性集落跡の研究』資料篇（学生社）の大冊を刊行できたのは一九七九年だった。

このとき大阪府域では六五個所を掲載できたが、京都府域では南山城のわずか三個所しか掲載できなかった。そのため京都府域は高地性遺跡の少ない土地という印象をぼくはもった。このことはすぐ後で述べるようにかなりの修正がいるようになった。しかし京都府域では南山城に多くみられることは変わらない。今回は省くが丹後にも大きな高地性遺跡がある。

高地性遺跡の研究の先覚者である小野さんは、山口大学を辞めてから京田辺市に住んでおられ、画業に専念されている。これも何かの因縁であろう。

田辺天神山遺跡と弥生の青銅器

同志社大学が近畿日本鉄道から田辺校地を取得したのは、ぼくが同志社大学に勤めた直後の一九六九年である。近鉄は最初ここを住宅地にしようとし、東西に幹線道路を設けたが、住宅地化を断念して土地を同志社に譲渡したのだった。

ぼくには一つの理想があった。大学の自治とは、教員それぞれがまず各人の専門分野で文部省や京都府などからの指図や干渉をうけないこと。そのためには率先して行動をおこすことが大切である。

広大な田辺校地はまだ造成前である。だがこれだけ広大ならきっと遺跡があるはずとみた。造

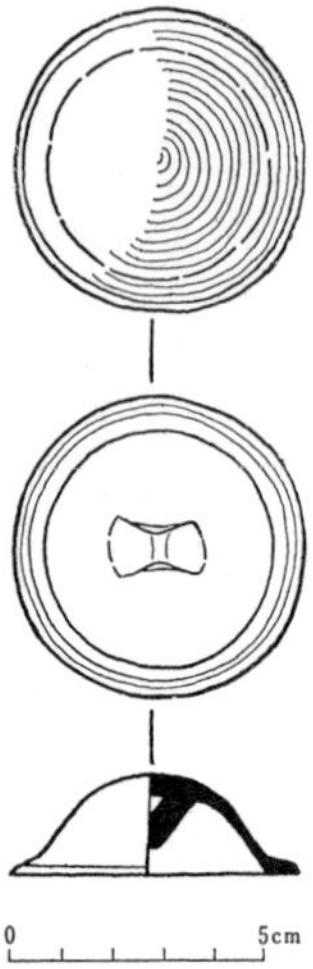

田辺天神山遺跡出土の
半球形青銅器

成が始まってからあれこれいっても、応急の調査はできたとしても遺跡の保存まではできないことが多いだろう。

ぼくは大学の本部と相談し、まず遺跡の分布調査からおこない、すでに近鉄によってつけられていた幹線道路の崖面にあらわれていた弥生遺跡の範囲確認を目的として一九六八年八月に発掘を始めた。

この遺跡の北東部分は道路の開通によって一部は失われていたが、中央に柱穴群があってそれを取囲むようにして竪穴住居址一四戸があった。中央の柱穴群は掘立柱の倉庫群と推定される。住居址のなかに重複したものがあった。その重複した住居址でみると、家のプランが円形から方形へと推移し、さらに五角形の住居址もあった。さらに同じ住居址を模様替えして大きくしたものがあった。弥生後期と書くと短期間のようではあるが、それなりの時間の経過があったとみられる。

各住居址からは石器も出土したが、近畿の弥生遺跡としては鉄鏃、刀子、斧か鍬先などの鉄製品の多さが注目され、それに関係するのであろうか砥石《といし》の出土も多かった。土器は弥生後期のもので、近江との関係のあるものが混じっていた。

集落跡の北西にある一号住居址（方形）は近鉄時代に一部が道路の崖に露出し、そのさい山田良三氏らが緊急調査をおこなった。われわれの調査でも手焙形土器が出土するなど特異な住居址である。

一号住居址に半球形青銅器が出土した。用途は不明だが飾り金具であろう。これと同じ遺物は九州で出土している。佐賀県の西山田二本松遺跡と布施ケ里遺跡、熊本県には神水遺跡など三個所にある。田辺天神山遺跡の例だけ東にある。銅鐸のように目立つ遺物ではないが、弥生後期の物の移動やその背後にある人の移動を知る手がかりとなる。

田辺天神山遺跡は現在の木津川から西へ一・九キロの丘陵の先端にある。ここから東方を見ると飯岡の小さな岡があってすぐ東方下を木津川が流れている。昔は対岸への渡《わたし》のあった土地である。

この岡は木津川を往来する舟を見張る絶好の位置だが、この岡のうえにも弥生後期の竪穴住居址があって調査をした。おそらく田辺天神山遺跡の付属施設、のちの城郭の用語を使うと出城的な遺跡とみられる。なお、田辺天神山遺跡は校地内に保存し、学生や市民の見学の便をはかっている。

高地性遺跡はアジア全域の動乱で生じた

弥生系高地性遺跡は、山口県、岡山県、香川県など瀬戸内海沿岸部に多い。さらに大阪湾にのぞむ兵庫県南部の摂津側や大阪府から和歌山県の沿岸部にも多い。研究が進展してくると、島根県や京都府北部の丹後、さらに北陸をへて新潟県にも高地性遺跡のあることがわかりだした。

弥生中期や後期には、平地にある集落でも周囲に濠をめぐらせ防禦を固めた環濠集落が各地で見つかり、これらのなかには小都市といってもよく、中国史書に「国邑《こくゆう》」と記されているものもあることがわかった。

このような環濠の小都市は、九州をはじめ日本列島のほぼ全域に分布している。防禦集落を必要とした背景、まして逃げ城としての高地性遺跡をもちだした背景には、長期にわたる動乱があったとみられる。動乱の一部は『魏志』をはじめとする中国の史書に、「倭国乱」、あるいは「倭国大乱」として記されている事態に関係はあると考えられる。

中国史書が「倭国乱」などとしたのは、二世紀の後半（後漢の桓帝、霊帝のころ）のことである。ところがこの動乱は中国本土や出先機関のあった楽浪郡でも激しく、とくに楽浪郡は勃興してきた遼東の公孫氏勢力（一時は燕と称した）に取りこまれた。

このため約半世紀間、倭と韓は公孫氏勢力に属し中国本土との外交関係は途絶えた。公孫氏勢力が倭と韓の掌握のため設けたのが帯方郡である。

このように考古学が高地性遺跡から捉えた大動乱の痕跡は、東アジア的なひろがりをもったもので、中国史書が「倭国乱」と記している以上に長期に及んだとみられる。いわゆるヤマト政権の成立はこの動乱が少なくとも近畿地方で鎮静してからの出来事なのである。

南山背の高地性遺跡と銅鐸

田辺天神山遺跡の調査のあとで、南山背でもいくつかの当該遺跡は知られるようになった。とはいえ、やはり近畿全域のなかでは高地性遺跡が多い地域ということではなさそうである。

これは当該遺跡の数の点だけではなく、遺跡の規模の点でもいえそうである。ほぼ遺跡の全容のわかる田辺天神山遺跡でも、重複を含めても住居址の数は十数戸である。これは大阪府和泉市の観音寺山遺跡の竪穴住居址の数一〇三戸の九分の一ほどである。

このような現状のなかでも、南山背の高地性遺跡があるのはつぎの五つの土地である。

① 八幡市の男山丘陵。

② 田辺天神山遺跡のある筒木。

③ 木津川市の奈良山丘陵（佐保丘陵ともいう）の北斜面。以上は木津川左岸。

④ 先に述べた椿井天上山古墳の墳丘内の土器から推測される椿井地区。これは木津川右岸にある。

⑤ 宇治市の羽戸山遺跡は標高七〇メートルの丘陵上にあり、宇治川の北岸にある。

このうち注目されるのは男山丘陵の北端部である。この丘陵上には後で述べる八幡茶臼山古墳のように、中部九州との交流を示す前期後半期の古墳もある。幣原《しではら》から美濃山にかけて、当該遺跡が散在する気配はある。

幣原遺跡の隣接地（ことによると遺跡内）の通称、式部谷《しきぶだに》で、昭和三〇年（一九五五）ごろに工事中に銅鐸が出土した。残念ながら出土時の記録をまったく欠いている。

この銅鐸は工事人夫によって淀の廃品回収業者に売られ、しばらくのあいだ廃品とともに雨ざらしで置かれていたという。それを見つけた人が銅鐸ではないかといいだした。だがその直後に大阪の古美術商が入手し、アメリカ人に売られるという情報を耳にした。

ぼくは何とか日本にのこそうと努力し、幸い大阪の正木美術館が入手して事なきをえた。このときぼくは陰口をいわれた。無責任でしかも無能力な人たちの不甲斐無さにあきれたことがある。

やばいことではあったが誰かが火中の栗を拾わないと事態は解決しない。

この銅鐸は弥生後期の突線帯鈕の六区画袈裟《けさ》襷《だすき》文《もん》銅鐸で、高さは六六センチ、出土事情の割には完形を保っていたのは嬉しいことである。

この工事に先立って、もし文化財担当者が調査をしていたら、この銅鐸も重要な事実を発信できたであろう。とはいえ古金として融《と》かされなかったことと、アメリカへ渡らなかったことは不幸中の幸といってよかろう。いずれにしても山城全域で出土した六個の銅鐸のすべてが、出土時の記録を欠いた二等遺物であることは惜しんでも余りあることである。

木津川市の奈良山丘陵の北斜面、山城側からいえば相楽山《さがらかやま》で宅地の造成中に埋置された状態で銅鐸が見つかったのは一九八二年である。最初は奈良市域ということだったが、発見された土地が当時の木津町に入っていることがわかり、南山背二例めの銅鐸となった。高さは約四〇センチ、弥生中期の定型式の六区画の袈裟襷文銅鐸である。

この銅鐸出土地より二〇〇メートル北に弥生中期の大畠遺跡がある。おそらくこのムラの人たちが、集落背後の山に銅鐸を横だおしにして埋置するという、一定の仕きたりによって埋めたものとみられる。

前にふれたことだが武埴安彦との戦にさいして、ヤマト側の大彦と彦国葺とが奈良山丘陵（丸邇坂）で忌瓮《いわいべ》を据えて戦勝を祈っていた。大畠遺跡は典型的といえるほどの高地性遺跡ではないが、ここにまとめて記しておく。

椿井大塚山古墳が造営されたあと、その北の尾根上に墳丘長一一〇メートルの平尾城山古墳が造営され、しだいに首長墓の規模が小さくなり、前期末で椿井周辺における豪族の墓は見られなくなった。

内（有智）郷と九州で作られた舟形石棺

注目すべき地としての様相を示しだすのが男山丘陵の地域である。丘陵上にあった八幡茶臼山古墳は墳丘長約五〇メートルの前方後方墳である。一九一五年に後方部で竪穴式石室が発掘され、そのなかに刳抜き式の舟形石棺がおさめられていた。

舟形石棺は中部と北部の九州で流行し、この石棺も有明海にのぞんだ宇土半島産の阿蘇溶結凝灰岩製であった。宇土半島から海上輸送で石材を運んできたというより、その地で加工された石棺をはるばる運んできたのであろう。

近畿地方にはいくつかの九州産の石材を使った石棺が知られているが、そのなかでは八幡茶臼山古墳の舟形石棺は早い例である。おそらく九州出自の人を葬ったのであろう。そういえば中王朝を始めた応神天皇も九州で生まれていた。

八幡茶臼山古墳の南東のもと有智《うち》郷村に、周濠を具えた方墳のヒル塚古墳がある。この古墳には二つの粘土槨があって、その一つから渦巻状の突起を柄につけた鉄剣が出土した。

このような鉄剣は朝鮮半島南部の伽耶《かや》（加羅）の古墳に多い。ところで古墳の所在地の有智郷は、律令体制下では綴喜郡内郷のことで、さらに古くは内村ともよばれた。味師内宿禰《うましうちのすくね》から出た山代の内臣のいた土地であろう（『記』の孝元天皇の条）。

内宿禰には山背系とヤマト系とがある。ヤマト南部の内（宇智）を根拠地にしたのが武内宿《たけしうちのすく》禰《ね》で、山背の内（有智）を根拠地としたのが味師（甘美）内宿禰である。

「武」「味師」はそれぞれの集団の得意の業をいったとみられる。ヤマトの内が軍事に長《た》けていたのにたいし、山背の内は武器・武具の製作に長けていたのであろう。前に綴喜郡の甲作《かわらつくり》郷とは八幡市域にあったと述べたが、甲冑を製作するこの工人は山背の内氏に属したのであろう。

応神天皇の九年に一つの事件がおこった。九州や三韓をもまきこんで、武内宿禰と味師内宿禰が対立した。一時は武内宿禰の旗色が悪く壱岐直《いきのあたい》の祖の真根子が武内宿禰の身代わりになって死んだ。そのあと探湯（盟神探湯《くがたち》）によって武内宿禰が勝利をおさめたという（『紀』）。

このような八幡市南部の有智の地は、朝鮮半島南部や中部九州とも強い関係をもった地であった。のちに九州の宇佐八幡宮が男山の地に勧請《かんじょう》され石清水八幡宮になることにも、このような前史があったのである。

以上の古墳のほか、八幡市域には東車塚古墳という墳丘長九四メートルの前方後円墳や西車塚古墳という墳丘長一一五メートルの前方後円墳がある。いずれも前期後半期から中期初頭の古墳とみられる。

東車塚古墳は史跡の松花堂庭園が移され後円部が築山となって保存され、西車塚古墳の後円部には明治初年の神仏分離後に男山の山頂から八幡宮の八角堂が移された。この八幡宮は宮寺ともよばれたように仏教色が濃くあった。

平川（久津川）車塚古墳と長持形石棺

城陽市平川にある平川（久津川）古墳群の盟主墳が平川（久津川）車塚古墳である（二七頁地図参照）。墳丘長は一五六メートルあって、造山としては南山城最大の前方後円墳であるばかりか、山城全域でも最大規模である。一九二〇年に梅原末治先生が『久津川古墳研究』の大冊を世に出したことによって、早くから学界に中期古墳の代表例として知られるようになった。

このように久津川は、ぼくにとっても子供のころから聞きなれた地名ではある。しかしこの地名は古代や中世にさかのぼるものではない。明治二二年（一八八九）の村の合併にさいして、久世村の久、上津屋村の津、平川村の川を合成して作った新しい地名である。その久津川村も今は城陽市に合併されている。それを考えると大字名の平川をつけて平川車塚古墳とするのがよいと考える。

古代にはこの地は久世郡の栗隈《くりくま》（前）郷《ごう》であった。栗隈は『紀』に二度でている。その一つは仁徳一二年の「大溝を山背の栗隈県《あがた》に掘る」、もう一つは推古一五年の「山城国に大溝を栗隈に掘る」である。

栗隈の大溝は実在したとみられる。木津川と枇杷庄《びわのしょう》付近で分かれて北に向かって巨椋湖にいたる古川説が有力である。大溝を開いたという記事が二度でているのは重複ではなく、あとの記事が舟運用に模様がえしたということであろうか。『万葉集』に詠《うた》われた名木川もこの大溝のことではないか、とする説もある。この大溝は灌漑と舟運をかねたものであろう。

注目してよいことは仁徳一二年といえば、平川車塚古墳の造営年代に近く、大溝の掘削とどこかで関係するであろう。

平川車塚古墳の被葬者として栗隈氏があげられたことがある。しかしこの氏は天智朝以後、とくに奈良時代に活躍するから、ぼくは平川車塚古墳の被葬者ではないと考える。大筒木氏を被葬者にあてる人もいるが、これも説得力に乏しい。被葬者を推測するまえに古墳の概要をみよう。

この古墳も明治二七年の国鉄（当時）奈良線の敷設にさいして採土場となり、その過程で後円部で石棺が見つかった。とはいえ墳丘の破壊が一部でとまったことは幸いである。その後この石棺は京都市へ運ばれ、今日では京都大学の所蔵となっている。

この古墳はもとは周濠を具え、墳丘長は一五六メートルある。最近、墳丘長を図上の復原によって一八〇メートルとみる説（『城陽市史』第三巻）もあるが、この古墳に限らず復原値は大きくなる傾向がある。

後円部の頂上直下に、組合せ式の長持形石棺が据えられていた。長持形石棺は中期の中王朝の大王や有力豪族の棺によく使われ、前期の長大な刳抜式の木棺とは形も材質も異なる。ことによるると系譜が違うのであろう。

この石棺の用材には播磨の竜山石《たつやまいし》が用いられている。長持形石棺には竜山石を使った例が多い。おそらく中王朝に協力した豪族たちに特権として使用が認められた石棺とおもわれ、平川車塚古墳の被葬者を推測するさいの手がかりとなる。

平川車塚古墳の石棺は石室内に納めたのではなく、直接封土中に埋められていた。ただ棺の前後の小口の板石を利用して小石室を設けていた。品物の埋納施設である。

前期後半期の木棺には、棺内の端近くに仕切板によって小空間をつくることがある。和泉黄金塚古墳の東槨ではこの小空間に甲冑をいれていたし、園部垣内古墳では二面の鏡をいれていた。

このような品物を納める小空間を設けるため、平川車塚古墳では小石室を前後の小口板の横に作ったのである。石棺は新しい形態とはいえ小石室は前期以来の伝統をのこしている。

石棺出現時の見聞では、棺内には南を枕とした一体の遺骨が横たわり、七面の鏡があった。そのなかの三角縁鏡は四神四獣鏡の一面だけで、すでに三角縁鏡の流行が終りに近づいていたことが分かる。

梅原先生はこの鏡の銘文の字形が「朦糊としている」ことなど製作技術に注目し、「銘文に支那製の確証ある遺品に対比する時は、自ら其の間に原型と模造との相違を認むるを得べし」として、的確な観察を述べている。最近はこの鏡をいとも簡単に「舶載鏡」といってはばからない人のいるなか、梅原先生の観察力には改めて学ぶ点が多い。現在の三角縁神獣鏡の魏鏡説をとる人の多くは〝初めに結論あり〟で、個々の鏡から歴史を読み取るという基本をなおざりにしている。

七面の銅鏡のうち二面は平縁の画文帯神獣鏡である。そのうちの一面は銘文も整っていて、梅原先生は「支那より将来せるものなること明なり」と述べている。この鏡を樋口隆康氏の『古鏡』では「画文帯同向式神獣鏡」とよんだ。多くの神獣鏡が鈕をめぐって神獣文を放射状に配置するのにたいして、大勢で記念写真をとる時のように階段式に神獣を配置している。

和泉黄金塚古墳の中央槨で棺外にあった景初三年銘の平縁の画文帯同向式神獣鏡を、よく三角縁神獣鏡との関係で説く人が多いけれども、平縁、画文帯、半円方形帯、内区の神獣文など平縁の画文帯同向式神獣鏡の仲間なのである。樋口氏もそのように分類したうえ「魏の景初三年鏡（後二三九年）はこの魏鏡の年代をきめる唯一の資料」と書き、年号鏡を年代を決めるさいの絶対資料として扱っている。

今回は述べないが、景初三年銘鏡は景初三年製鏡と即断できないこと、棺内にはなく棺外に埋納されていたこと、中央槨の年代が四世紀末をさかのぼらないことなど、すでにぼくは何度も指摘してきた。鏡の研究にも遺跡学が大切なことはいうまでもない。

もう一面の画文帯神獣鏡は、梅原先生も樋口氏もともに仿製と認めていて、ぼくもその通りとおもう。このほか中型の仿製四獣鏡が四面もあるのは古墳中期の一つの特色である。

平川車塚古墳の遺物についてさらに述べる。玉類はすこぶる多いけれども出土状況はわからない。見事な硬玉ヒスイの勾玉は一個だけあるのにたいして滑石製の勾玉は五〇〇〇個をこえるほどあったという。

大阪府の古市古墳群のなかに、中期の野中墓山古墳（墳丘長二二四メートルの前方後円墳）がある。後円部に石棺（長持形か）が一部露出していてその周辺に滑石製勾玉が散布していたという。ぼくは二人の採集者の家で実見したことがある。それらは靭《ゆき》（矢の容器）形埴輪にともなっていたという。いずれにしても滑石製勾玉は装身具としての玉ではない。

この古墳出土の玉類のなかに碧玉製の管玉約二〇個やガラス製の小玉があって、硬玉ヒスイの勾玉を親玉とした首飾だったとみられる。

このほか滑石製の刀子が約四〇個ある。これも中期に多く、ぼくも大阪府の百舌鳥古墳群のカトンボ山古墳で一六〇個を検出したことがある。いわゆる石製模造品の刀子である。鉄製の刀子は木質や皮の部分が腐って無くなっているのにたいして、石製模造品では本来の木の柄や皮製の鞘の部分までが作ってある。刀子の霊力についてはすでにメモした。中期にはそのことが強調され、葬送儀礼での重要な祭祀具になった。滑石製勾玉や臼玉《うすだま》と併用されたとみられる。

北の小石室に納めてあったものに石製の合子《ごうす》（盒）がある。ぼくは園部垣内古墳の棺外槨内で平面が楕円形の木製合子の腐り切った痕跡があるのに気づき、形や大きさを記録したことがある。この合子には短刀一〇本と短剣三一本を納めていた。このような木製の合子を滑石で模造したのが平川車塚古墳の合子であろう。

このほか短い四脚のついた長方形の石皿（槽《そう》か）がある。これも木製品を模造したものであろう。さらに北の小石室には約五〇本の鉄製の刀剣や数十本の鉄鏃があった。鉄鏃のなかには中期古墳に多い柳葉《やないば》式《しき》のものがある。一般的に中期古墳では鉄製武器の数が多いが、この古墳にもその傾向がでている。

南の小石室には鉄製の甲冑をいれていた。甲は五領あったとされ、遺存状況の良いものに三角板革綴式短甲がある。このほか、挂甲のものとみられる小札《こざね》がある。だが挂甲の形までは分からない。

冑には三角板革綴式の衝角付冑と竪矧板鋲留式衝角付冑があって、中期でもその後半に流行する鋲留技法がすでにあらわれていることは注目してよかろう。

梅原先生はぼくが生れる八年前の一九二〇年の段階でこの古墳を総合的に判断して、「仁徳・允恭両帝の時代以後、恐らく継体帝代以前に位するもの」（「先掲の報告書」）との結論を導いている。今日の古墳の編年観でも、五世紀中ごろの後半よりとみられるから、これは驚きというほかない。

なお「仁徳・允恭《いんぎょう》両帝」の時代として允恭天皇が意識されている。これは長持形石棺を納めた大阪府藤井寺市の津堂城山古墳を〝允恭天皇の眞陵〟とひそかに考えておられた節がうかがえ、そのために允恭帝の時代がわざわざ筆にのぼったのであろう。

平川車塚古墳の被葬者

平川車塚古墳のある平川・久世地区はすでに述べた芝ケ原一二号墳のように、前期の初現期（もしくは前半期）の古墳から始まり、前期後半期の西山古墳群をへて箱塚古墳というように、ほぼ代々の首長墓をへたあと飛躍的に大規模な平川車塚古墳の出現となる。

細かい説明は省くけれども、平川・久世地区は南山城のなかでは古墳時代の初めから代々の首長墓が連綿として築かれた土地なのである。

平川車塚古墳の東方の山麓にあった西山古墳群（支群といったほうがよい）は七基の古墳で構成され、一基ずつ小型の前方後方墳と前方後円墳があり、他は円墳と方墳である。このうち二号墳は方墳で墳頂部に四つの粘土槨が並び、そのうちの中央槨には「陳是作竟」の銘を方格内に配した三角縁四神四獣鏡があって、同型鏡が黒塚古墳にみられた。この古墳もヤマト政権とのかかわりがあったようである。

平川車塚古墳のあとには、もと周濠があったとみられる墳丘長一一五メートルの前方後円墳の芭蕉塚古墳が造営された。これを最後としてこの地区での首長墓はみられなくなる。

以上の推移からまとめると、この地区には古墳時代の開始とともに小さいながらも首長墓が現れていた。四世紀代を通して徐々に首長の力が増大し、河内に基盤をおいた中王朝の時代になるとそれ以前にくらべると隔絶した規模（造山としては山城最大）の平川車塚古墳の出現となる。しかしその後につづく芭蕉塚古墳でこの地区の首長墓は姿を消した。

このようなことから、平川車塚古墳の出現は中王朝の繁栄と強く関係したとみてよかろう。中王朝成立の契機となったのは、菟道《うじ》河の戦で神功皇后が勝利をおさめたことである。このあと中王朝初代の応神天皇の治世となる。この戦で和珥臣武振熊《わにのおみたけふるくま》が神功側に加担したことが大きい。武振熊は難波根子武振熊ともいい、仁徳天皇の六五年に飛騨国に両面をもった宿儺《すくな》という豪族を征討するときにも鎮圧に派遣されている（『紀』）。なお飛騨の両面宿儺については前に地域史の立場から論じたことがある（八賀晋氏との編『飛騨―地域から本当の歴史を読む』）。仁徳六五年といえば仁徳の晩年である。このころまで武振熊は中王朝の重臣であった。

先にあげた菟道河の戦では武振熊とともに武内宿禰が将軍の役を果たしたし、中王朝の数代の天皇の治世では葛城襲津彦が重責を果たした。

ぼくが重視するのは武内宿禰または葛城襲津彦のどちらかの墓とみられているのが御所《ごせ》市の室《むろの》大墓《おおばか》古墳（墳丘長二三八メートルの前方後円墳）で、長持形石棺のあることを想起してほしい。室大墓古墳や津堂城山古墳はともに長持形石棺を用いた代表的な中期古墳なのであり、平川車塚古墳を考えるさいに役立つ。

ぼくは平川車塚古墳の被葬者の候補として、和珥臣武振熊を第一にあげてよいとおもう。この人物が難波根子を冠することがあるのは、淀川水系の舟運を掌握していることから難波にも重要な拠点をもっていたということかとおもう。

若き日の応神が求愛したのは木幡の和珥日觸使主《わにのひふれのおみ》の娘の宮主宅媛《みやぬしやかひめ》だった。だが宅媛と応神との子である宇治稚郎子《わけいらつこ》の自殺によって、宇治王朝といってもよいほどの菟道の勢力は一時没落した。このことは当然宅媛の父の和珥日觸使主の力も一時は低下したとみられ、平川車塚古墳の被葬者とはおもえない。

前に柿本人麻呂が山代の久世の鷺坂を詠《よ》んだ歌（一七〇七）を取りあげ、その地の繁栄を「神代より」といっていることに注目した。人麻呂が久世に滞在したとき、否応なしに車塚古墳の大墳丘が目にはいりその土地の古さ（歴史）を意識したとみた。

そのことをさらに進めると、この地にいた豪族が和珥氏のなかでも柿本氏だったのではないかと考えだした。

和珥氏には春日臣、大宅臣、粟田臣、小野臣、柿本臣など一六の氏に分れたという（『記』の孝昭天皇の条）。そのような氏々に分れたのは六世紀代とみられる。

天理市北部の和珥氏が春日臣、山城国宇治郡の和珥氏が大宅臣、滋賀県大津市小野と京都市左京区小野の和珥氏が小野臣（このほか真野氏も近江国）、城陽市の久世・平川の和珥氏が柿本臣となったとすると、木幡の和珥氏が粟田臣となり、のち（七世紀の初めか）愛宕郡の粟田郷へと本拠を移したとぼくは仮に考えている。

木幡二子塚古墳と木幡の和珥氏

応神天皇の宅媛への求愛の物語で宅媛の父である和珥臣の祖の日觸使主の家のあったのは木幡《こはた》村（『記』）であった。木幡は宇治川の東岸にあって、

空から見た木幡二子塚古墳（1986年ごろ撮影）

その東方の山麓には小型の古墳は散在している。年代の分かる二子山古墳（二二頁地図参照）は二基の円墳が接近し、双円墳のような外観を呈している。

二子山古墳の北墳も南墳も、ともに短甲と衝角付冑さらに武器を副葬し、とくに南墳からは古式の馬具が出土している。五世紀代の中期古墳である。

ところが平川古墳群で首長墓がなくなった直後に、木幡でも岡屋に近いところに堂々とした濠を具えた二子塚古墳が出現する。五箇荘二子塚とよばれたこともあるが、最近は木幡二子塚（二二頁地図参照）といっている。

前方部の一画に西方寺ができるなど墳丘の傷みは進んでいるが、墳丘長は一〇五メートルとみられ、前方部先端の幅が広く、継体天皇の眞陵とみられている大阪府高槻市の今城《いましろ》塚古墳をやや縮小した墳丘とみられている。墳丘長一〇五メートルは中期ではさほどの規模ではないが、この古墳は後期初頭であってこの時期には目立った規模といってよい。

このことから一時は没落していた木幡の和珥氏が、ヲホド王（継体天皇）が新王朝を開くにさいして協力、加担し、そのため死後に継体天皇陵に似た古墳を造営できたとぼくはみている。

継体天皇に荑媛《はえひめ》を妃として出した和珥臣河内がいる（『紀』）。前にもいったように継体に妃を出した豪族とは、新政権づくりにも協力したとみられ、和珥臣河内は木幡二子塚古墳の被葬者候補とぼくはみている。

第4章　仏教文化の浸透と南山背

宇治田原町
鷲峰山
金胎寺
御栗栖神社
信楽
湯船
原山
門前
和束大橋
和束町
北山
白栖の磨崖仏
三上山
湯谷山
海住山寺
妙見山
井平尾
神童寺
恭仁宮大極殿跡
(山城国分寺跡)
銭司
鋳銭之遺跡碑
伊賀街道
木津川
恭仁大橋
関西本線
国分
尼寺跡
法花寺野
加茂駅

新王朝と仏教の受容

継体天皇に始まる新王朝は、インドで興り中国や朝鮮半島に流伝していた仏教を新しく精神的な支柱として採用しだした。このことは、日本海によって大陸と通じていたヲホド王の越の時代に端を発していたとみられる。仏教の出現によって、長らく続いていた古墳の造営の風習がしだいに衰退する原因となった。

仏教は何波にもなって伝えられた。周知のことだが継体天皇のときは司馬達等という渡来人が個人として信仰していた。すなわち私伝である。継体の子の欽明天皇のときに、百済の聖明王が天皇に伝えてきた。これを公伝という。この事件は欽明一三年(五五二)とする史料(『紀』)と五三八とする史料(『元興寺縁起』など)とがある。

最初のころの仏教は草堂とよばれる簡素な仏舎に仏像を安置していた。六世紀末の推古女帝の時代になると、焼物で瓦を作り仏殿の屋根を葺くという、新しい建築技法が百済から伝わった。瓦を屋根にのせると屋根の重量が増え、そのため従来の掘立柱では支えられなくなった。そこで硬くて大きな石を加工して礎石《そせき》(塔の中心となるのが心礎)にするということも併せて盛んになった。

以下は日本文化の特色ともつながる。瓦葺の仏殿(伽藍)の建築が開始されると、速い時間で九州から東北南部までの広範な土地で、豪族は競うようにして瓦葺の寺を建立し始めた。伽藍を建立したかどうかは不明だが東北の蝦夷にも仏教は伝わった。早い例は出羽の置賜《おきたま》(山形県南西部)の蝦夷である。

ぼくが初期寺院というのは、主として七世紀代、つまり飛鳥時代の寺院であるが、奈良時代の寺も混じってしまう。美術史では白鳳時代という時代名を使うこともあるが、それは飛鳥時代後期のことである。

一つ問題がある。瓦葺の建物跡は遺跡や遺物から見つけやすい。ところが草堂のような小規模な仏舎や板葺などの仏殿は、遺跡として捉《とら》えられないことが多い。信仰の強さの点では草堂も忘れてはならず、この点が研究方法上の難問としてのこる。

もう一つ注意しておくことがある。初期仏教の寺といえば、僧の寺、つまり男寺を連想しやすい。日本では女王卑弥呼のころから女の力が強く、そのような伝統によって女の寺（尼寺）も多かった。聖武天皇が国々に建立した国分寺でも、僧寺と尼寺が別々に建てられた。

推古天皇三二年（六二四）といえば、初期仏教でも早いころだが、このとき寺と僧尼の数を政府が調べている。それによると寺が四六、僧は八一六人、尼は五六九人、合わせて一三八五人だったという（『紀』）。

この場合には僧寺と尼寺の区別はされていなかった。このことから寺によっては尼が主導権を握っていたこともあったと推測される。寺によっては寺の一画に尼のいる房があったのであろう。『万葉集』に丹比真人国人《たじひのまひとくにひこ》の「豊浦寺《とゆらでら》の尼の私房に宴《うたげ》する歌」がおさめてある（一五五七）。この頭注から豊浦寺を尼寺とみる人が多い。ぼくはそうではなく、豊浦寺に尼の住む房もあったということだとみている。明日香の北よりにある豊浦寺が、つぎに述べるように南山背ともかかわってくる。

瓦の需要が高まってくると、百済などから渡来してきた瓦工も製作に当ることはあった。だが全体としては、それまでの須恵器の工人が瓦の製作に当ることが多かったであろう。

八幡の平野山瓦窯址と宇治の隼上り瓦窯址

これも日本人の特色だが、瓦の製作にかぎらず伽藍の建築や仏像の製作などでも、外来の技術を短期間でマスターしてしまうことはどの分野でもよく見かける。

飛鳥時代の初め（六世紀末）に建てられた伽藍として、摂津の四天王寺とヤマトの明日香の豊《と》浦《ゆら》寺がある。豊浦は地名である。この二つの寺の建築に南山背がからんでいる。それは二つの寺の瓦が南山背で製作されたのだった。

四天王寺で最初に使われた瓦は、八幡市と枚方《ひらかた》市にまたがって存在している平野山瓦窯で作られ、豊浦寺の最初の瓦は宇治市の隼上《はやあが》り瓦窯で作られた。

平野山瓦窯と隼上り瓦窯は、どちらの地も瓦窯を築く以前から須恵器の工人が長期にわたって窯業をしていた土地ではない（隼上りでは同時期の須恵器窯はある）。あえて二つの土地の共通点を見出すと、どちらも淀川水系に臨んだ土地である。このことは出来あがった瓦や製作に使う粘土や薪の輸送の便があったということである。

平野山瓦窯址は、窯の本体は八幡市側、瓦の焼成時にかき出して堆積した灰原は枚方市側にある。男山丘陵の西斜面に位置し、北方約七〇〇メートルに淀川が流れている。樟葉宮のあった地も近い。

飛鳥時代の初期に文様で飾ったのは丸瓦（男瓦《おがわら》とも鐙《あぶみ》瓦とも）であって、単弁八弁の蓮華文の丸瓦である。最近は素弁《そべん》と単弁を分け、この種のものを素弁ということもある。同類は百済の最後の都のあった扶余《ふよ》の寺で用いられている。

枚方には七世紀のある時期から百済王氏が住んだ。だが百済王氏が来る以前から枚方には百済系の渡来人がいた。そのなかに瓦の工人がいたわけではなかろうが、本国から瓦工を招請する方便はもっていたのであろう。

四天王寺が今日も広大な伽藍をもち、人々の信仰を集めているのにたいし、向原寺《こうげんじ》ともいった豊浦寺の今日は昔日の面影はない。その豊浦寺の初期の瓦が宇治の隼上《はやあが》り瓦窯で製作されていたのである。このことを予想していた人はまずなかろう。

隼上り瓦窯址は宇治川の右岸にあって、川岸から約六〇〇メートル離れている。宇治津や岡屋津に近く、製品の瓦は巨椋《おぐら》湖から木津川をさかのぼらせ、泉津（木津）まで運んだとみられる。あとは陸路で奈良山丘陵を越し、再び奈良盆地の諸河川または下ツ道ぞいの運河を利用して明日香へ運んだのであろう。

前に推古一五年（一六〇七）の栗隈の大溝の記事をみた。この大溝を開いた記事が重複するのを奇妙におもったが、ことによると隼上りで作った瓦を水上輸送するために大溝を模様替えした可能性もあるとみるようになった。この大溝を使うと巨椋湖から木津川の下流まで出る必要がなく、運搬の時間は短縮される（一六頁の地図の古川参照）。

隼上り窯で作った豊浦寺の初期の瓦は、単弁（素弁）八弁の蓮華文の丸瓦で、各弁の中央に細い突線をいれている。

仏教考古学の開拓者の石田茂作氏は、この類の丸瓦を高句麗式に分類している（『飛鳥随想』など）。高麗の渡来人が南山背に多かったことはすでに述べたが、このことには留意しておくべきであろう。なお両窯とも丸瓦のほか文様のない平瓦を大量に焼いていることはいうまでもない。

とはいえどうして明日香の瓦を宇治で焼いたのだろうか。聖徳太子の長子が山背大兄《おおえ》王である。名に山背がつくように山背（とくに深草）を経済的基盤にしていた節があって、前にふれたことがある。推古天皇の死後に有力な皇位継承者ではあったが、結果として田村皇子（舒明）に敗れて命を落とした。

山背大兄王が「愛《いと》しき叔父」の蘇我蝦夷《えみし》の病を見舞った記事が『紀』にでている。大兄王の母が蝦夷と兄弟だったのである。そのとき斑鳩宮にいた山背大兄王は「京に向《ゆ》きて豊浦寺に居りき」（「舒明即位前紀」）とあって、豊浦寺に宿泊している。

この記事から推測すると、山背大兄王は豊浦寺と親しい関係にあったとみられる。ことによると豊浦寺の建立にさいして山背大兄王が協力し、宇治で瓦を作らせたのであろうか。

山背大兄王はこの一四年あとに蘇我入鹿に襲われ命を落とす。生前の歴史にも伝えられていないことがあるだろう。山背大兄王は蝦夷の子の入鹿には襲われたが、蝦夷やその祖父の稲目とはもとは親密な関係があった。豊浦寺は稲目が建立したとする史料もある（『元興寺縁起』ほか）。

南山背の古い寺々

ここで扱うのは平城遷都前の飛鳥時代の寺々が多い。とくに飛鳥後期の天武天皇の時代には多くの寺が建立されたとみられる。奈良時代は国分寺とか東大寺、西大寺、観世音寺などが建立されたので、多くの寺が建立されたとおもいやすいが、そうではなかったようである。

都が長岡京にあった延暦一〇年（七九一）に、山背国にあった寺々について注目すべき詔がだされた。「山背国部内の諸寺の浮図、年を経ること稍《よう》く久しくして破壊の処多し。詔して使いを遣わして咸《ことごと》く修理を加えしむ」（『続日本紀』）。

このころは山背の長岡京に都があったため、山背国の既存の寺々の浮図（塔や寺）が、修理もされず荒れていたところが多かったことが認識されたのであろう。

山背の寺では奈良時代後期の瓦が出土するところがあって、その頃に修理されたとみられ、延暦一〇年の詔に対応するのであろう。そういう意味で奈良時代になって新たに建立された寺を見出すことも一つの研究課題だが、ここでは奈良時代をも含め概観しよう。

南山背の古い寺の多くは平地か低丘陵の麓にある。山岳寺院については別の項目で述べる。各々の寺の成立や変遷については、出土の瓦によっておこなわれている。ただしこの場合に瓦の出土数の多寡の問題を考慮すべきであることはいうまでもない。

南山背を時計回りでたどろう。宇治川の右岸には大鳳寺跡と岡本廃寺がある。岡本廃寺のように寺の名が不明の場合は地名をつけてよんでいる。木津川右岸には広野廃寺がある（以上宇治市）。木津川右岸の道（古東山道）にそって南下すると平川廃寺、久世廃寺、正道廃寺がある（以上城陽市）。さらに南下すると井手寺跡がある（以上井手町）。井手寺は井提寺とも書かれ、橘氏の氏寺である。この寺の鐘が平等院に移された、という古い伝承があることについては『洛東の巻』でふれた。

井手寺跡から南下をつづけると綺田《かばた》にいたる。ここには式内の綺田神社と蟹満寺《かにまんじ》が隣接している。蟹満寺は古くは蟹幡寺といい、奈良時代の銅造の釈迦如来の坐像が伝えられている。この寺のもとの本尊は聖観音であり、『今昔物語集』巻一六にはこの観音を信仰していた娘が蟹に助けられた話がでている。なお釈迦如来の銅像はもと山背のどこかの寺にあったと推測されるが、まだ分かっていない。井手寺も有力な候補である。

蟹満寺にかけられた蟹の額

蟹満寺をさらに南下すると椿井大塚山古墳にいたる。この古墳の南西斜面に古い由緒をもつ松尾神社があって、境内から西方にかけて瓦が散布し、飛鳥時代後期に建立された寺跡があったとみられる。松尾廃寺とよばれるが青龍寺という名だったかもしれない。

さらに南下すると、先に述べた高麗寺跡がある。南山城では最古の寺で、渡来系の狛氏の氏寺だったとみられている。

昭和五九年度から五年計画でおこなわれた範囲確認調査で、瓦のほか、かなりの量の須恵器《すえき》や土師器《はじき》が出土している。須恵器は高麗寺創建以後のものが多い。注意されるのは六世紀中ごろにさかのぼる須恵器がかなりあることである。六世紀中ごろといえば欽明朝にあたるから、前に述べた高麗の使者を宿泊させた相楽館があったとしても矛盾はない。

高麗寺跡の南西の木津川北岸近くに泉橋寺がある（以上は木津川市、もとの山城町）。もとは泉河渡《わたし》（のちは木津渡）のあったところである。泉橋寺はあとで項目をもうけるので南山背のほかの寺々をみてしまおう。

木津川北岸の木津川市（もとは加茂町）に山背国の国分寺跡と国分尼寺があった。国分尼寺は法花寺野の大字名からの推測である。国分寺と国分尼寺とは約三キロ離れ、西と東にあったことになる。

山背国分寺は天平一三年（七四一）に聖武天皇が建立を命じたころのものではなく、天平一八年に廃都となった恭仁宮の一部を施入し、大極殿を金堂としたときのものであるので、恭仁宮を述べるさいに一緒に扱う。

高麗寺跡の対岸、つまり南岸は泉津として繁栄した土地である。泉津の遺跡として上津《こうづ》遺跡があって、多くの建物跡が発掘され、泉と刻んだ丸瓦も出土していて泉木屋があったとみられる。泉津が木津とよばれるようになったのは、平城京やその周辺の寺々の建物へ、近江、丹波、山背などから材木が河川を利用して泉津に集められたためである。あとは陸路をとって奈良山を越した。

木津の東に『万葉集』に詠《よ》まれた鹿背山《かせやま》があって（六六頁地図参照）、その西麓に飛鳥時代後期に創建された燈籠寺廃寺があるが詳細は不明である。

木津川左岸では京田辺市に古代の寺が集中している。三山木廃寺や筒木の大御堂《おおみどう》とよばれた普《ふ》賢寺《げんじ》である。普賢寺は今は観音寺（二七頁地図参照）とよばれている。境内に五重塔跡があって心礎ものこっている。この寺には天平年間に作られた堂々とした木心乾漆造《もくしんかんしつづくり》の十一面観音立像がある。

ぼくはこの観音像の「女性的で若々しく、可憐でさえある」（『仏像集成』の観音寺の十一面観音立像の項）お姿、とくにお顔を見ているうちに、筒木に昔いたというカグヤ姫を連想する。歴史的由緒をただよわせ南山背でぜひ拝観することをすすめる信仰財である。

興戸廃寺も瓦が出土することのほかは情報はない。だが筒城宮跡が近くにあったと推測でき、奈良時代になってから新王朝の祖である継体の供養のために建てた可能性はないか、とひそかに考えている。このことは長岡京市の乙訓寺《おとくにでら》についても考えている。

十一面観音立像
（観音寺、『仏像集成３』学生社より）

足立寺史跡公園にのこる塔心礎

筒城を北上すると男山丘陵が西方にひろがる。丘陵上の南寄りに美濃山廃寺がある。奈良時代に建立されたとみられるが、先にあげた山代の内《うち》氏の氏寺とみられる。

丘陵の東麓を北上すると東車塚古墳があり（一八八頁地図参照）、その南に志水廃寺がある。瓦積基壇の遺構があって、金堂か講堂とみられる。奈良時代後期に大がかりな修理がおこなわれているのは、前にあげた延暦一〇年の山背の寺々の修理記事に対応しそうである。甲作郷に近い。

先にあげた平野山瓦窯址の東方約六〇〇メートル、丘陵の西斜面の麓に西山廃寺がある。この寺跡にあった塔心礎や礎石は男山団地内の足立寺《そくりゅうじ》史跡公園に移されている（一八八頁地図参照）。近くに元は清麿神社とよばれた和気神社もある。

この寺跡は「嵯峨・嵐山・花園・松尾の巻」の神護寺の項で述べた和気清麻呂が建立した足立寺とみられる。寺は廃絶したけれども、足立寺の本尊だったとみられる薬師如来像が今も神護寺に伝えられていることは前に述べた。足立寺は清麻呂の健康状態にちなんだ通称で、神願寺が正式名称だったのであろう。

以上で南山背の奈良時代を含む古い寺々を駆け足でみた。このほか宇治郡内の大宅廃寺、法琳寺跡、醍醐廃寺も南山背にあったとみることができる。それを含め約二一の寺があったことになる。これには国分寺と国分尼寺は含めていない。南山背はヤマトや河内とともに寺院の多い土地だったといってよかろう。

泉橋寺と行基

行基が泉川（木津川）へ天平一三年（七四一）に架けた橋が泉大橋であり、その橋の北詰に建立したのが泉橋院である（六六頁地図参照）。この寺は橋寺とも泉橋寺ともよばれ、隣接地には尼院と「泉寺布施屋《ふせや》」も設けられた。布施屋は旅人が利用できる宿泊所でもあった。泉橋院や布施屋のあったのは相楽郡の大狛村とも高麗里ともよばれる土地だったのである（『行基年譜』）。なお行基はしばしば男の寺と併せて尼寺も造った。このことが聖武天皇が国分寺と国分尼寺を併せて造ったことに影響した可能性は強い。

泉大橋のできた天平一三年には聖武天皇の恭仁宮はできていたから、この橋も恭仁宮の関連施設として行基が建立に尽力したのであろう。

行基が架けた橋の規模や様子を示す史料はない。だが橋ができると聖武天皇は行幸し、終日語りあったという。民間仏教の指導者だった行基が天皇と接点をもったのだった。

木造の橋は五〇年もすると橋脚が痛む。まして大雨のあとの木津川は水流が急である。おそらく行基の造った橋も奈良時代の末ごろには姿を消していた、とぼくは推定する。

貞観一八年（八七六）には、泉橋寺が馬船二艘と少船一艘を置いて人馬を渡していたようである（『類聚三代格』）。

この格とほぼ同文の内容が『三代実録』の貞観一八年三月三日の条にもでている。この文では大船二艘、小船一艘とあって、大船が馬を運ぶのに使われていたのであろう。さらに浪人を配し

泉橋寺の地蔵菩薩の石の坐像

て「寺家と船橋を守護させた」とある。ここでいう船橋とは仮橋のことかとおもう。

泉橋寺の門前にある高さ約六メートルの地蔵菩薩の石の坐像が、道路からもよく見える。橋のたもとに地蔵菩薩像を祠ることはよくあるがこの例もその一つである。この石像は徳治三年（一三〇八）に地蔵堂とともに完成した（『大乗院日記目録』）。しかし応仁の乱の合戦でお堂は焼失し、石像も破損した。江戸時代になって首と両手を補修したのが今の石像である。バランスのとれた彫刻ではないが、泉橋寺のたどった苦難の生証人のようである。

山岳寺院・笠置寺と弥勒の磨崖仏

日本で仏教が始まってしばらくすると、修行三昧の生活に憧れた人たちは人里離れた山に庵を営みだし、それが寺になることもあった。古くは鹿鷺山《かさぎやま》ともいわれた（寛平八年四月二日の太政官符）笠置山の頂にある笠置寺をまず訪れよう。

『枕草子』では「寺は壺坂、笠置、法輪、霊山は（以下略）」と笠置山を二番めにあげている（二〇八段）。このように平安時代中期には笠置寺は名高くなっていた。

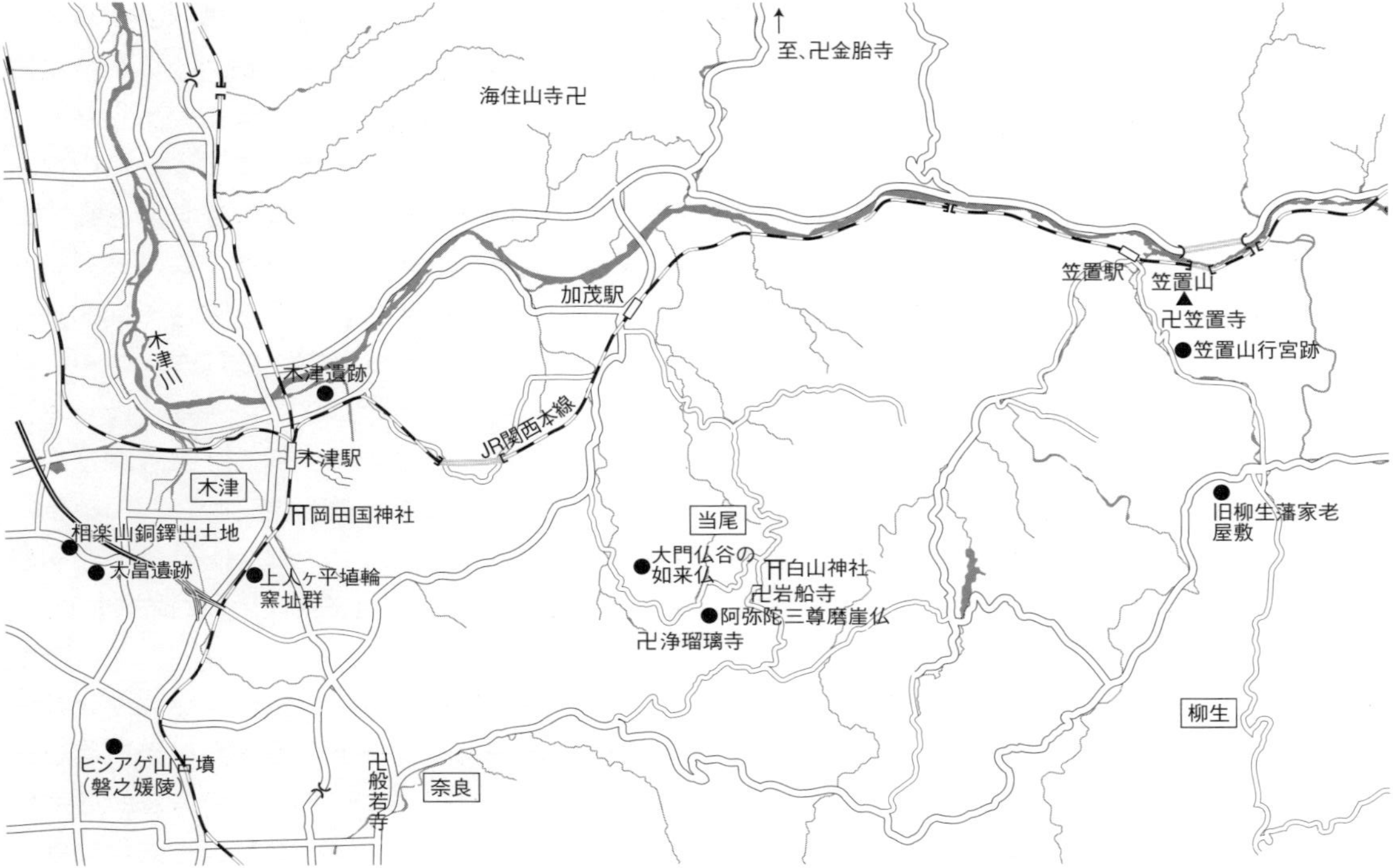
至、卍金胎寺
海住山寺卍
木津川
木津遺跡
加茂駅
笠置駅
笠置山
卍笠置寺
笠置山行宮跡
JR関西本線
木津駅
木津
岡田国神社
相楽山銅鐸出土地
大畠遺跡
上人ヶ平埴輪窯址群
当尾
大門仏谷の如来仏
白山神社
卍岩船寺
阿弥陀三尊磨崖仏
卍浄瑠璃寺
旧柳生藩家老屋敷
柳生
ヒシアゲ山古墳
（磐之媛陵）
卍般若寺
奈良

鹿鷺《かさぎ》と獣や鳥の多くいることを示す地名は、今日のカサギからも合点がゆく。雉《きじ》料理は当地の旅館の名物になっているし、ぼくも二〇〇八年一二月六日に寺に参詣したあと、山を下って木津川の畔にある笠置館に泊まった。夜の食事にイノシシ鍋を注文すると野生の猪の肉を食べることができた。それとこの寺の近くの山頂で、数日前に村の人が仕掛けた罠に猪がかかったことも聞いた。

『今昔物語集』の巻第一一に笠置寺の縁起が語られているので要約しよう。天智天皇の御代に御子がいた（大友皇子のこと）。詩と賦《ふ》（文章）がうまく、また猪や鹿の狩が好きだった。ある日、山背国相楽郡賀茂の郷の東にある山へ狩りに行った。鹿を見つけて追ううちに、乗っていた馬が崖から落ちそうになった。皇子はここで馬とともに死ぬことを覚悟した。皇子はもし山神などが座《おわ》すならば自分を助けてほしい。ことが叶えばこの巌に弥勒像を刻みますと願を発した。すると馬は崖を後ずさりして助かった。

皇子はその場所の目印に笠を置いた。一両日してその場所へ戻ったが、自分の力では弥勒を刻める場所ではなく途方にくれていた。すると天人が哀れにおもって刻んでくれた。しばらくして東大寺の良弁《ろうべん》が弥勒像のあることを見つけ、堂や房舎を造ったのが笠置寺だという。良弁については後でもう一度ふれる。

延喜一六年（九一六）の奥書のある「諸山縁起」に、一代峯の笠置碮《いわや》に弥勒慈尊があることがでている。一代峯は笠置山を指すことは明らかだが、語源は不詳。それと「碮」が国字なのかどうかこれも不詳。この文では「笠置碮」を何度も使っている。笠置山は花崗岩が多く、とくに山頂には奇岩、怪岩が累々とあることから碮の字をつかったかとおもう。歌は略すけれども、平安中期の曽禰好忠も「笠置のいは屋」を詠んでいる。

弥生人もこの場所を知っていたとみられる。弥生人は地域内の姿のよい山に登り、銅鐸や銅剣を埋めた例がいくつもある。

兵庫県西宮市にある甲山《かぶとやま》はその名が示すように山容の美しい山だが、頂上から銅剣が出土している。これは弥生人が埋めたものであろう。

神戸市灘区の保久良《ほくら》神社境内にある磐境《いわさか》とよばれる巨石群のなかから銅戈《か》が出土している。これも山の巨石にたいする弥生人の信仰を示すのだろう。

香川県善通寺市の我拝師山《がはいしやま》は今日も聖なる山だが、山頂に近い北斜面から銅剣や銅鐸が出土している。

笠置山の山頂からも、弥生時代中期の細形銅剣を石で模して造った有樋式《ゆうひしき》石剣が採集されている。ぼくは写真では見たが、どのようにして発見されたかはまだ調べられていない。しかし弥生人が笠置山山頂の巨岩群に畏敬のおもいをもって、石剣を捧げたことは間違いなかろう。

笠置山の本尊は弥勒菩薩の磨崖仏《まがいぶつ》である。石仏といっても移動のできる彫刻ではなく、花崗岩の巨塊の一面に彫りこんである。高さ一五・七メートル、幅一二・七メートルの巨像である。

この磨崖仏の前のわずかな平坦地に本堂がある。元弘元年（一三三一）に後醍醐天皇が笠置山を城として立籠もったとき、北条の鎌倉幕府軍の攻撃をうけ、兵火によって本堂などの建物が焼けた。その炎によって磨崖仏は大光背の輪郭をのこし、弥勒像はすっかり消えてしまった。なおこのときの戦の様子は『太平記』に詳しい。

すでに述べたように、この弥勒像は平安時代には人々の信仰を集めていた。幸にも康和三年（一一〇一）ごろに描かれた「弥勒菩薩画像集」に笠置弥勒像として収められ、仁和寺に伝えられている。

このような模写図は他にもあって、それとの比較によって「弥勒菩薩画像集」の弥勒図が正確なものであることを、足立康氏が『日本彫刻史の研究』（龍吟社）で述べている。

二〇〇八年の一二月に笠置寺を訪れたさい、住職の小林慶昭氏が「弥勒菩薩画像集」の弥勒像によって、磨崖仏を刻み直したいという構想を語っておられた。これは信仰財を復活させることであり、笠置山としては当然の願望である。ぼくも賛成である。

火事で表面が消えた信仰財の輪郭だけをいつまでも文化財といって保存するだけでは宝の持腐れである。なお本堂は元の場所に室町時代の文明年間に造営され、近年、解体修理もされ正月堂の名で親しまれている。

ぼくは笠置寺を訪れたのは今回で二度めである。磨崖仏の全景の写真をとるうちに、以前どこかでよく似た磨崖仏を見た記憶がよみがえってきた。

それは奈良県宇陀市にある大野の磨崖仏だった。笠置のような山頂にあるのではなく宇陀川の岸辺にあった。笠置寺の弥勒像と似ているのには理由があって、承元三年（一二〇九）に笠置の石像を写したものである。承元三年は鎌倉時代の初期だから元弘の乱で弥勒石像が焼失する以前である。

「弥勒菩薩画像集」の笠置寺弥勒図（上）

元弘元年の兵火で輪郭だけがのこった弥勒像の大光背（右）

大野磨崖仏については大正六年（一九一七）に、天沼俊一氏らが『奈良県史跡勝地調査会報告書』第四回で書いている。ぼくが生まれる前の文章だが、関係史料はきっちり引用されている。この本は古本で入手していて今回参考にできた。

天沼氏は「興福寺別当次第」の承元三年の記録を引用し、「大野郷の内で磐石の半腹を削平して弥勒立像を奉彫した」と述べたあと、「蓋《けだし》笠置石像以為二規模一」とあって、大野の弥勒立像は笠置寺の弥勒像によって刻んだことを明らかにしている。

このように笠置寺の弥勒像は兵火で表面が失われたとはいえ、画かれたものが仁和寺に、ほぼ同大で岩に刻んだものは大野にのこっているのは幸運なことである。

平安時代の笠置寺へ参詣した人は藤原道長をはじめ多くいて、記録はかなりあるが省く。それよりこの弥勒石像を刻んだのは誰かが気になる。

先に名のでた東大寺の良弁《ろうべん》のことである。良弁は相模国で生まれ俗姓は漆部《ぬりべ》氏である。相模の漆部氏といえば漆部伊波がいる。関東で生産される布を扱う商人で商旅とよばれた。商旅が運んでくる布は膨大で商布とよばれ、貴重な財だった。伊波は東大寺建立にさいして二〇〇〇〇端の商布を寄進している。一端は八メートルだから一六〇〇〇〇メートルもある。それによって伊波は外従五位下の位を授かり、そののち相模の国造《こくぞう》にもなった(「政商・漆部伊波のこと」『関東学をひらく』所収)。

伊波と良弁は同時代の人、それに二人とも漆部氏の出である。良弁は東大寺では僧正になり、さらに大僧正にもなっている。これには伊波の財力が役立ったのではないかと推察される。

良弁を金鷲《きんじゅ》菩薩とする伝承を、『東大寺要録』は「耆老《きろう》相伝」としてのせている。嬰児《えいじ》のとき坂東で鷲にさらわれ、山城の多賀で落とされ郷人に養育されたという。山城の多賀とは前に述べた綴喜郡の多可郷のことである。高麗の名門の高麗氏がいて、のち多可氏に改められた。良弁と山城の渡来人にどのような関係があったのか、今はメモするだけにしておく。

笠置寺に天文七年(一五三八)に書写された「笠置寺縁起」が伝わっている。長文の縁起だが、聖武天皇の東大寺建立にさいしての個所に良弁のことがでている。要約しよう。

聖武天皇は東大寺の大仏殿建立のために、伊賀国より材木を下そうとした。ところが泉川の河上(それは笠置山の麓だが)に大岩がつづくところが四町あまりあって、船や筏を通せない。良弁は天皇の命をうけて、笠置寺の千手窟に籠って千手の秘法をおこなった。すると雷神が落ちてかの巌山を摧《くだ》き破り、河水の滞《とどこおり》を流し去り、船や筏が通れるようになったという。

笠置より上流の木津川の流路の確保は、東大寺だけでなく恭仁宮の造営にも必要だったと考える。笠置寺の弥勒像が造られたのも、これらとほぼ同時期だったのではなかろうか。良弁かその弟子の実忠が弥勒像を刻むのにかかわったとおもわれる。

木津川は伊賀盆地の水を集めて南山城へと流れる。伊賀盆地には聖なる水の湧く城之越《じょのこし》遺跡がある。この湧水点に古代の禊の場があって、伊勢へ赴く斎王《さいおう》が立寄ったとみられる。木津川が古代に泉川といったのは、聖なる水を水源とすることにちなんだともみられる。

平城京には水の豊かな川はなく、水にはあまり恵まれていなかった。ところが奈良山丘陵を越したすぐのところには清冽な水が滔々《とうとう》と流れている。その川を泉川とよび、その里を〝以豆美〟とか〝出水〟、さらに〝泉の里〟とよぶようになったのではなかろうか。

恭仁宮はこの泉の里に造営されたのだし、後でみるように宮の中央を東から西へと泉川が流れている。そのこともかえって合点がいく。都市計画上では中央を大河で両断されることはありえないのである。

笠置はこの泉の里のさらに上流にある。江戸時代には木津川の岸に笠置津があって、五〇石未満の荷船二八艘があった。平安時代の元永元年（一一一八）に、右大臣藤原宗忠が一族とともに笠置寺へ参詣したときに笠置津まで船で来ている（『中右記』）。

僕は今回JRの関西本線の笠置駅で下車した。数年前に駅の近くに立派な温泉ができていた。駅から数分のところに登山口がある。以前に来たときは友人の車で登ったので感じなかったが、歩いて登ると坂はきつく、元弘元年に北条の大軍が攻めあぐんだことが理解できた。何度も一服しつつ登ると、やっと寺の山門が見えだした。

磨崖仏などを一通り見学したあと、寺務所に寄った。寒い日で登るのが大変だったこと、タクシーをよべないかなどと話すうちに、この人が住職の小林さんだとわかりだした。小林さんは縁者の小林義亮《ぎりょう》さんが著した『笠置寺・激動の一三〇〇年』（文芸社）を贈ってくれ、さらに今夜の宿の笠置館に電話して車が迎えにくるように手配された。今回も以上のような好運に恵まれ笠置行は終わった。

迎えの車ではさらに駅近くの温泉「笠置やすらいの館」で入浴することをすすめられ、久しぶりにたっぷりした湯を堪能した。それから宿につき、この夜はイノシシ鍋を味わった。ただこの宿は河辺にあって、夏は涼しそうだが冬は寒かった。でも楽しい一日だった。

翌日は鋤柄君が車で迎えにきてくれ、昨日耳にしていた笠置やすらいの館の朝市に寄ってみた。珍しい野菜がいっぱいあって、隼人瓜やウコンなどをぼくは買った。ウコンは沖縄で栽培していることは知っていたが、近年は笠置でも栽培していたのだった。南山城は今日でも野菜作りに熱心で、とくに浄瑠璃寺や岩船寺のある当尾の一帯では、道ばたに野菜売の店が何十もでていた。笠置はその圏内の東端にあたるのであろう。

鷲峯山金胎寺

元弘元年に京都を脱出した後醍醐天皇が最初に入ったのは、和束の鷲峯山《じゅぶせん》だった。だがこの山は「余リニモ山深ク里遠シテ、何事ノ計略モ叶マジキ処ナレバ」（中略）「笠置ノ石室《いわや》へ臨幸ナル」のだった（『太平記』）。

南山城の東部に広大な山地がひろがる。この山地は南と西を木津川、北を宇治川で劃《かく》され、山地の中央には宇治田原、和束、湯船などの山里がある。その東にも山地はつづき、しだいに低くなって近江となる。聖武天皇の紫香楽宮《しがらきのみや》跡はこの山地のすぐ東方の盆地にある。

これから述べる鷲峯山はほぼ山地の中央に聳え、標高は六八二メートルある（一五四頁地図参照）。鷲峯山はインドにある仏教の聖地である。ぼくは鷲峯山の名によって、この山地全体の名称を鷲峯山山地とよぶことにする。鷲峯山は高山であるばかりでなく、『太平記』がいうように「山深ク里遠シテ」の位置にあるので、人里は笠置のほうがはるかに近い。

鷲峯山の山頂近くに金胎寺《こんたいじ》があって、頂上より東へ一段下った尾根上に、永仁六年（一二九八）に作られた多宝塔が建っている。嘉吉元年（一四四一）の『興福寺官務《かんむ》牒疏《ちょうしょ》』によると、鷲峯山寺として出ていて僧房は五八房あったという。

「天武天皇の白鳳四年（六七五か）に役《えん》（小角《おづぬ》）氏が開基、元明天皇の養老六年（七二二）に越《お》智《ち》の泰澄大徳が再建。伏見院隠遁所。本尊は弥勒大士、大同二年（八〇七）願安大師再建也」とある。

役《えんの》小角《おづぬ》はヤマトの葛城山にいた山岳修行者、実在の人である。泰澄は越の越智山や白山で修業をつんだ僧侶、伝説上の人物とみられたこともあるが、最近は実在の可能性が急浮上してきた。役小角も泰澄もともに超能力者としての伝承をもち、泰澄の鉢を飛ばした伝承にもからんで、鷲峯山の頂上を空鉢峯といっている。北陸を中心に泰澄の開基伝承のある寺はすこぶる多く、近畿でも京都の愛宕権現、近江の岩間寺は泰澄の開基とされている。

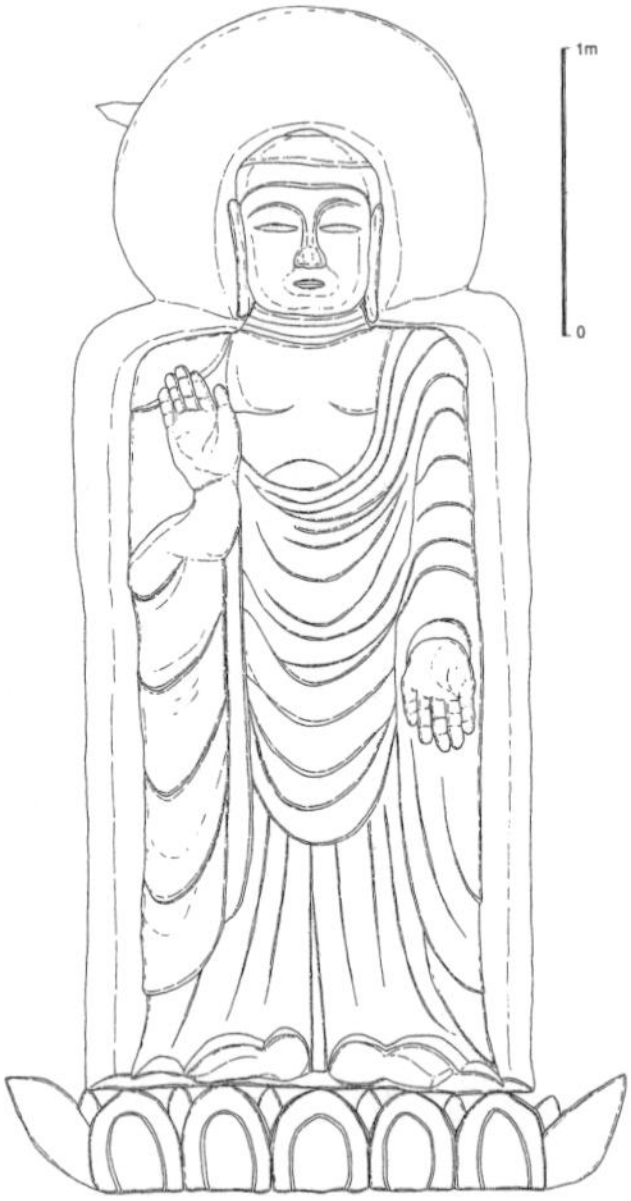

白栖の磨崖仏（『第１期南山城総合学術調査報告書』による）

金胎寺の本尊は弥勒菩薩の坐像である。平安時代末から鎌倉時代に活躍した慶派の仏師の作とみられる。鎌倉初期のととのった作品である。

弥勒信仰は奈良時代から笠置寺で盛んだった。金胎寺の弥勒信仰がいつまでさかのぼるかはまだわからない。というのは、笠置寺でも鎌倉時代に興福寺の貞慶（解脱房）が笠置寺に入り、笠置寺を弥勒信仰の一大拠点とした。

笠置寺には貞慶が東大寺の重源《ちょうげん》からおくられた銅鐘が庫裡《くり》の横にある。建久七年（一一九六）に鋳造され形と音色が美しい。

金胎寺へ行くのは銭司《ぜす》の少し西方の井平尾から山道をたどるのが便利である。木津川に流入する和束川にそって山道を進むと、白栖の南方の川の北岸に磨崖仏が見える。白栖の磨崖仏で滝の堂の弥勒ともよばれている。

木の枝でかなり隠れていたので、後日、村人の了解をえて枝を払い、鋤柄俊夫君に実測してもらった（『第一期南山城総合学術調査報告書、鷲峯山金胎寺とその周辺地域の調査』）。高さ四・二メートル、幅一・五メートルの半肉彫の弥勒菩薩の立像で像の周囲には光背を彫っている。像の右下に正安二年（一三〇〇）の刻銘がある。この銘文はこの磨崖仏の製作年を示すのか、それとも追刻か、はぼくには判断できない。それはともかく、なかなか立派な彫像である。いずれにしても鷲峯山への途中に弥勒像を刻んでいるのも、鎌倉時代におけるこの地の弥勒信仰を物語るものである。

さらに進むと和束の集落がある。古くから開けた山間の里で、原山と門前には円墳があって内行花文鏡や四獣鏡が出土している。この地の古墳時代に交通の手段や山の産物を掌握した小豪族がいたのであろう。

最近は山の力を忘れかけている。岐阜県の飛騨、大分県の日田、広島県の三次《みよし》盆地、奈良県の都介野《つげの》や宇陀など山地形での古墳文化には目を見張るものがある。

一〇年ほど前の体験だが、和束の精肉店の店頭に猪が三頭ほどころがしてあった。南山城でも平野部では想像できない光景だった。ぼくは早速シシ肉を少々求めた。和束大橋を渡ってあとは山あいの道を登りつめると金胎寺につく。ぼくは車で登ったがバスも通っていた。

銭弘俶塔から宝篋印塔へ

鷲峯山の頂の狭い平坦地に、花崗岩製の豪壮な宝篋印塔が建っている。高さは相輪も含めると三・二メートルもあって、ここまで運びあげる苦労がしのばれる。銘文には正安二年（一三〇〇）とあって、宝篋印石塔としては初期の遺品として注目してよい。

金胎寺の宝物に銭氏の呉越国の銭弘俶塔《せんこうしゅくとう》がある。伝世品や出土資料を含めて日本では一〇例足らずが知られている。この銭弘俶塔は青銅製だが、じつはこのような銅塔を日本的に発展させ

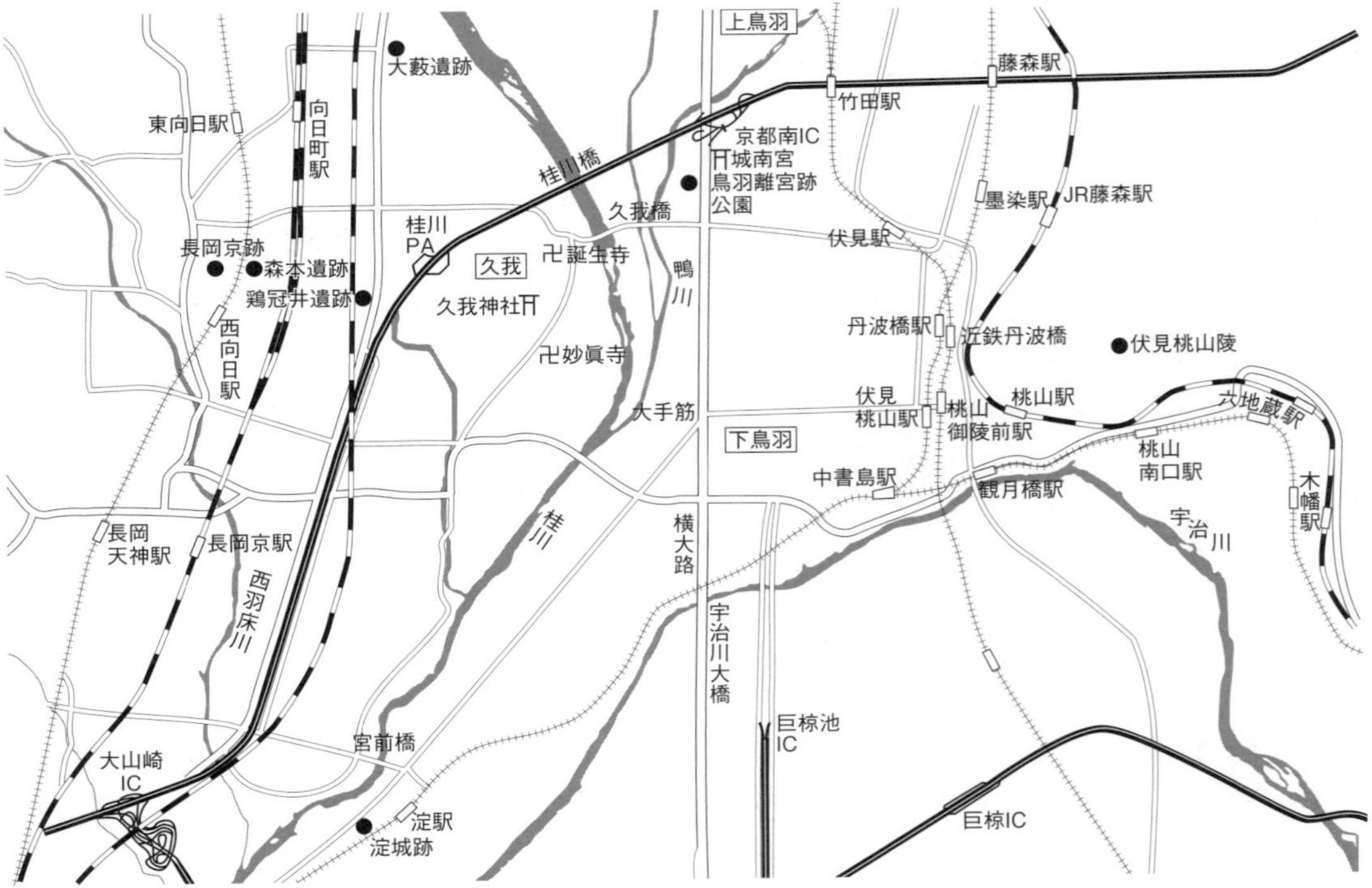
上鳥羽
大藪遺跡
藤森駅
竹田駅
東向日駅
向日町駅
京都南IC
城南宮
鳥羽離宮跡公園
桂川橋
久我橋
墨染駅
JR藤森駅
伏見駅
桂川PA
長岡京跡
森本遺跡
鶏冠井遺跡
久我
誕生寺
鴨川
久我神社
西向日駅
丹波橋駅
近鉄丹波橋
伏見桃山陵
妙眞寺
伏見桃山駅
桃山御陵前駅
桃山駅
六地蔵駅
大手筋
下鳥羽
中書島駅
観月橋駅
桃山南口駅
木幡駅
宇治川
長岡天神駅
長岡京駅
桂川
横大路
西羽床川
宇治川大橋
巨椋池IC
大山崎IC
宮前橋
淀駅
淀城跡
巨椋IC

たのが石製の宝篋印塔《ほうきょういんとう》であって、中世の日本では石製の五輪塔に次いで数多く製作されている。銭弘俶塔と宝篋印塔は形は似ているとはいうものの、石塔は五倍から一〇倍も大きな寸法で製作されている。

呉越国は唐時代末期に江南に興った五代十国の一つだった。この地とくに紹興周辺はわが国の古墳時代に大流行する三角縁神獣鏡の故郷であるが、この鏡も日本で作られると寸法が大きくなっていることについては前にふれた。時代は異なるとはいえ、江南と日本との関係を知るうえで見逃せない。

呉越国の最後の王が銭弘俶で、インドのアショカ王の故事にならって、銅と鉄で八四〇〇〇基の塔を作った。呉越国は貿易を盛んにおこない、港のある寧波《にんぽう》周辺では越磁（越州陶磁器）の生産を大々的におこなった。呉越国は貿易の相手国に銭弘俶塔を贈ったとみられる。越磁は平安京内からも豊富に出土しているし、宇治の木幡の浄妙寺跡（二七頁地図参照）から越磁の水注（水差形容器）が出土しているのは名高い。このような青褐釉をかけた青磁は、平安時代には「あおし」（青瓷）とよばれていた。

史料のうえでの銭弘俶塔は、五〇〇基が日本へもたらされている。しかし先ほど述べたように伝世品を含め一〇個足らずが知られているにすぎない。今日実在している数（仮に考古学的数字）は史料上の数字の五〇〇の約五〇分の一にすぎず、この数は卑弥呼が魏から下賜された銅鏡百枚について考えるさいのチェック点となるだろう。

南山城は銭弘俶塔から宝篋印塔に変わっていくうえでの重要な土地だったとみられる。「梟《ふくろう》の

杭州市雷峰の磚塔下の石室出土の銀製銭弘俶塔（総高35.6cm）（左）
金胎寺の正安２年銘の宝篋印塔（総高3.2m）（右）
（『第１期南山城総合学術調査報告書』による）

塔」とよばれる古い宝篋印塔（石塔）が京都市伏見区の妙眞寺にあったが、今は京都市上京区の北村美術館に移されている。

　単層方形の塔身の四隅上部には梟を彫り、梟にはさまれた塔の四面にはそれぞれ仏を彫り笠には相輪がついている。このような初頭期の宝篋印塔は五条坂の清水寺にもあると聞くが、これは完形ではなく未見である。近年、中国杭州市の雷峰の磚塔の下にあった石室から銀製の銭弘俶塔が出土している。これによって元は久我《こが》の妙眞寺にあった宝篋印塔との関係がいっそう明確になった。

ぼくはまず、北村美術館で梟の塔を拝見したあと、その石塔が元立っていた久我の妙眞寺を訪れた。

鳥羽離宮のあったあたりから道を西へとる。鴨川を渡るとすぐに桂川があり、これも渡ると上久我につく。妙眞寺は上久我の集落内にある。

上久我の北北西には弥生時代中期の大藪遺跡（京都市南区）があるし、西方には森本遺跡と鶏《か》冠井《いで》遺跡などの集落遺跡が集中している（どちらも向日市）。とくに鶏冠井遺跡からは初期段階とみられる銅鐸の石製鋳型の破片が出土している。森本遺跡からは人面土器や水田遺構も見つかるなど、山城全体でも弥生人が活発な生活を展開したようである。鳥羽離宮でも下層に弥生時代の集落が確認されている。

このように上久我を中心とする低地一帯は、弥生人が早くから拠点集落としていた。洪水の危険をおかしてまで低地に住むことは、巨椋湖や淀川系河川を利用する便があったのだろう。巨椋湖周辺にはいくつかの港町としての津があり、早くから拓《ひら》けていた。数年前に調査された湖の南岸近くにある弥生中期の市田斉当坊遺跡（一六頁の地図参照）もその一つだった。ここでは磨製石剣や玉を加工していたらしく、さらに定住を示すものとして大きな刳抜きの井筒で作った井戸も見つかった。市田には明治時代にも船を七四艘をもっていて、港町としての性質を伝えていた。

このような土地は湖の周辺に点在していて、久我もその一つとみてよかろう。ここに源氏（久我氏）が別邸を構えたことにも前史があったのである。なおこの源氏は村上源氏である。

　曹洞宗を開いた道元の父は内大臣源通親だが、道元は久我で生まれた。上久我に大正時代ごろに建立された誕生寺がある。久我家の邸跡という。道元がこの地で生まれたことにちなんだ寺である。

　ぼくは公卿としての久我家については勉強したことはないが、西園寺家などからみて貿易や交易をおこない、久我庄は重要な拠点だったとみている。

海住山寺

　鷲峯山山地のほぼ南西端の山腹にある山岳寺院が海住山寺《かいじゅうせんじ》である（一六七頁地図参照）。眼下に木津川とその流域の平地がひろがる。このような山岳寺院でありながら、海住山寺と海が寺の名につくのは不可解におもう。だが山号を補陀落山《ふだらくさん》ということと関係があるとみられる。

　補陀落山とは観世音菩薩が住むと信じられている山で、平安中期から補陀落山へ行こうとして熊野の海岸から海上へ出発した僧が多くいたという。これを補陀落渡海《ふだらくとかい》といっていた。

　海住山寺の本堂には十一面観音の立像が安置され、厨子《づし》のの仏壇の両脇には補陀落信仰を示す絵が描かれ、海岸から僧が補陀落渡海に出発する場面が描かれている。文明五年（一四七三）の絵である。

　この寺は聖武天皇のときの天平七年（七三五）に良弁によって開かれ、宝亀四年（七七三）に左大臣の藤原永手が再興し、出水郷《いずみごう》武百町を寄付したという。そののち承元二年（一二〇八）に貞慶が再興した（『興福寺官務牒疏』）。

このように古い寺歴のある寺だが奈良時代のことはまだ不明の点が多く、鎌倉時代の貞慶のころからは古文書ものこされ、その時代の建造物ものこっている。

貞慶は新仏教が隆盛となるのに抗して南都仏教の充実につとめ、笠置寺で弥勒信仰を進めたことについては前に述べた。海住山寺に移ってからは観音信仰をも重視した。堕落する僧が多いなか、厳しく戒律を守った。とくに尼が同じ寺に住むことを禁止した。

貞慶は死をむかえる直前の建暦三年（一二一三）に、五箇条の起請文をのこした。第一条には尼衆の雑居を禁じている。ただし第三条で、もし母尼姉尼など衰老や病気で息子の縁をたよるときは、六十以上に限っては許可せよとするものであった（大隅和夫、西口順子編『尼と尼寺』）。

海住山寺の五重塔

南山城には古塔がいくつも見られる。海住山寺にも建保二年（一二一四）に建立された五重塔がある。小ぢんまりとした品のよい建物である。本堂の横にある文殊堂も鎌倉前期の建物である。

神童寺と光明山寺

鷲峯山山地には山岳寺院が多い。意外かもしれないが、修験道に適した行場となる峻《けわ》しい岩場があちこちにある。金胎寺も大和の大峯山にたいして北大峯と

神童寺の山門（向うの山は和束との境）

よばれ、寺の東方には奇岩怪石がむき出しとなっている修行の霊場がある。

金胎寺ほどは山深くはないけれども、椿井大塚山古墳より東方約一・五キロ山へ入った神童寺の集落内に、北吉野山の山号をもつ神童寺《じんどうじ》がある（一五四、一二九頁地図参照）。寺名の神童とは役小角がこの山で修業していたところ、神々が神童に化けて現れたことによる、と伝えられている。

『興福寺官務牒疏』にも山城国相楽郡狛之郷北吉野に神童寺が記され、僧房二六宇のあとに「修験道　供僧三人　神人二人」さらに「修験道兼帯、本尊金剛蔵王」とある。北吉野の地名に加え修験道とあることからも、修験道の霊地だったことがわかる。

元の蔵王堂の本堂は応永一三年（一四〇六）の建築で、巨大な蔵王権現の木像を安置し、さらに阿弥陀如来坐像や日光・月光菩薩立像など、平安時代の仏像が数多く収蔵庫に伝えられている。

ぼくが訪れたのは三月の末だったが、桜が咲くほか、赤紫の花をつけた山つつじが鮮やかだった。役の行者の小像や石像の多いことも印象にのこった。

神童寺の北方約一・八キロの山中に光明山寺跡がある。『東大寺要録』や『興福寺官務牒疏』にも記載された寺で、京都の公家たちの信仰を集めた山岳寺院であるが、江戸時代には廃寺となっていた。

鎌倉時代の説話集である『十訓抄《じっきんしょう》』に「光明山といふ山寺の老尼」の話がでている（六ノ三十八話）。それによって尼もこの寺に住んでいたことがわかる。

年をとった尼に日吉《ひえ》大明神がとり憑《つ》いて、いろいろの託宣を述べる。奈良のほうではそれほど山王（日吉山王、山王権現とも）を崇めていなかったので、（奈良の寺との関係の深い）僧が尼に極楽浄土のことを尋ねて試そうとしたという話である。問答の展開も面白いがそれは略す。

この話でぼくが注目するのは、光明山寺には僧と尼がともに住んでいたようだということと、金胎寺に越の泰澄の開基伝承があったように、光明山寺でも近江からの山王権現の信仰が影響していて、それに大和系の僧が挑戦したという図式である。

神奈比寺蚯蚓《みみず》の僧

京田辺市の甘南備山《かんなびやま》は山城国と河内国の境にある聖なる山である。標高二一七メートルの山頂近くに式内社の神南備《かんなび》神社があり（二七頁地図参照）、その近くに『今昔物語集』巻第十四にでている神奈比寺があった。この寺も山岳寺院とみてよかろう。

それによると山城国綴喜郡に飯ノ岳（飯岡）があって、その戌亥《いぬい》（北西）の方向の山の上に神奈比寺があったという。その寺に法花《ほっけ》（華）経を読誦している一人の僧がいた。

この僧はもっと大きな寺へ行きたく思っていた。すると夢に老僧があらわれ、つぎのような話をした。〝汝の前世は蚯蚓《みみず》で、いつもこの寺の庭の土の中にいた。ところがこの寺で法花経を聞くうちに、その善根によって蚯蚓から人になり僧となった。このように汝はこの寺に縁があるのだから他の寺へは行くな。我はこの寺の薬師如来である〟

夢がさめてから、この僧は永くこの寺にとどまって法花経を読誦したという。この話によって神奈比寺は薬師如来を本尊にしていたことが推測できる。神奈比寺は江戸時代に山から麓に移り、今日も薪の酬恩庵（一休寺）の隣にある（二一七頁地図参照）。山号を医王山といい、本尊の薬師如来は耳の仏として信仰されている。

男山と山崎地峡それと淀津

男山は雄徳山とも表記され、淀川をはさんで北にある山崎の天王山と相対峙している。これらの山塊によって山城国と河内国や摂津国との境となる狭い山崎地峡が形成されている。山崎地峡はしばしば合戦の舞台となり、壬申の乱で大友皇子が最期をむかえたのは山前（崎）だった。とくに天正一〇年（一五八二）の羽柴秀吉軍と明智光秀軍との山崎の合戦は名高い。

このように男山は軍事上の重要拠点でもあり、平安時代になると皇室や武家、とくに清和源氏の崇拝を集めた石清水八幡宮が鎮座し、今日に至っている。

石清水八幡宮は俗に八幡《やわた》の八幡《はちまん》さんとよばれているが、注意しておいてよいことがある。それは今日のように神社一色になったのは明治初年の神仏分離令以後であり、それまでは宮寺とよばれたように、仏教色の強い神社であった。それは普通の神仏習合というよりも、寺の一部に僧行教によって宇佐神宮が勧請され、一体の信仰の場となったのである。

男山が信仰の地となった起源は、八合めぐらいの山腹に湧く湧水（清水）である。この湧水は石清水とも石井《いわい》ともよばれ、今日も摂社の石清水社の社殿がある。この水の流れこむのが放生川で、毎年放生会がおこなわれている。放生会はもとは戦争で命を失った隼人の霊を鎮めるために宇佐神宮でおこなわれるようになったという。放生会についてては後に述べる。

石清水社　湧水を祀る社殿と鳥居

最初はこの湧水の近くに石清水寺ができたとみられるから、石清水の信仰の始まりは山岳寺院だったとみてよかろう。この寺が貞観五年（八六三）に護国寺と名をかえ、明治初年まで宮寺としての石清水八幡宮の運営に当ったのである。護国寺は石清水社の北隣に今日も薬師堂の跡がのこる。江戸時代初期の僧かつ文化人の松花堂《しょうかどう》昭乗《しょうじょう》の坊（松花堂）は、石清水社のすぐ下にあった。

これもあとで述べるけれども、宮寺には二つの塔が聳えていた。今日の景観からは想像しにくいことである。

宮寺について述べる前に、もう少し山崎地峡の地理についてふれておきたい。この地峡では山城の各地からの水が木津川、宇治川、桂川、鴨川となって流れ、それが合一して大河の淀川となる。

淀川は水量も豊かだから、舟運が発達し川の北岸に山崎津、南岸に淀（与等）津ができた。とくに淀《よどの》津《つ》は、西国から物資を運んでくる船の多くが難波津で荷を下ろさずに、そのまま淀川をさかのぼって淀津まできた。

　このような多地域との交流の活発さは、先に述べた八幡茶臼山古墳に、九州からもたらされた舟形石棺が使われていたことにもうかがえる。九州出自の豪族がいたのであろう。

　『延喜式』にも、西の

国々から平安京へもたらされる物資は難波津で船から下ろさずに、与等（淀）津まで海船で運ぶことが定められていた。この場合の西国には瀬戸内海に面した国々だけでなく、紀伊国も「国より与等津《よどのつ》へ漕ぐ船賃」の細則が定められていた（主税式）。

室町時代に東大寺が管理した今日の神戸港にあった兵庫北関で、西国の船がチェックをうけた台帳がのこされている。それによると西国からの荷船は難波津で荷を下ろすこともあったが、かなりの船は淀まで淀川をさかのぼって荷を下ろしている（『兵庫北関入船納帳』）。淀で荷を小舟に積みかえ、木津川、桂川、鴨川などでさらに山城の各地へと運搬された。

このように石清水八幡宮の至近の地の淀は、全国的な物資の流れでみても物流センターだったのである。

江戸時代に、徳川吉宗の将軍職襲位を賀するため派遣されてきた朝鮮通信使に随行した申維翰の『海游録』によると、淀の岸に晋州島という島があった。ここには壬辰の倭乱（文禄の役）にさいして「俘獲《ふかく》」された晋州人で一村をなしていたという。

このことにも淀とその周辺の土地の特色がでているようにおもう。先に八幡の内《うち》（有智）に本拠をかまえた山代の内臣が、筑紫や三韓にも進出していたことを述べたけれども、一六世紀になって晋州島ができた背景にも、「俘獲」してきた人たちを住まわせたということ以外の理由があった、と推測される。

宮寺としての石清水八幡宮

八幡や淀の土地がらを多地域の人々が集まる土地とぼくはみてきた。このことは宇佐神宮が男山に勧請《かんじょう》されてきたこと、さらに勧請に当たったのが紀氏出身の行教だったことにもうかがえる。紀氏は行教のあとも代々石清水の別当や神主になるという仕きたりがつづいた。神主が置かれたのは遷座の一八年のちで、それまでは寺の別当が運営していた。

行教が出た紀氏とは、本来は紀伊を本拠とした豪族であるが、紀長谷雄《きのはせお》や紀貫之のように都で役人となる人も多くいた。古代豪族としての紀氏については、なお未解明の点が多い。早い話、山背（城）を例にとっても、古墳時代から紀伊（紀）という地域があって、律令体制下でも紀伊郡になっている。

すでに述べたことだが、中王朝をひらいた応神天皇にしても、九州からの東進にさいして武内宿禰とともに紀伊水門《みなと》から近畿入りをして山背の菟道《うじ》へ向かっている。菟道が忍熊《おしくま》王らとの決戦場であり、中王朝成立の出発点となったことはすでにのべた。

つぎに石清水八幡宮の祭神をみよう。祭神の第一は誉田別命、つまり応神天皇であり、さらに中王朝成立の基礎をつくった応神の母の息長帯比売《おきながたらしひめ》命（神功皇后）と、もう一神は謎の比売（咩）大神《おおかみ》である。

比売大神は宇佐神宮でも二の御殿に祠《まつ》られている。宇佐神宮の一の御殿には誉田別命が、三の御殿には大帯姫《おおたらしひめ》（『延喜式』の大帯姫廟神社、神功皇后）が祠《まつ》られている。

石清水八幡宮の比咩大神については、誉田別命の妃、あるいは宗像三女神をあてることもあるが、ぼくは違うとおもう。それは九州にとって忘れられない女王、卑弥呼ではないかという思いがする。貞観一一年（八六九）に新羅の海賊が筑前国を荒らしたとき、皇室は石清水八幡宮に使いを遣わし奉幣している。このときの祭文をみても、石清水の神が九州にかかわっていることをうかがわせる（『三代実録』）。ぼくのように考えると石清水の三神とも九州にかかわりのあった人物（神）である。

石清水八幡宮は紀氏との関係が強い。考古学的にみても紀伊勢力は早くから淀川水系に進出していた。摂津の前期古墳の石室の用材や、後期の海北塚《かいほうづか》古墳（茨木市）の石棺の用材にも紀伊産の石材が用いられている。さらに淀川水系に紀伊の水人が進出していたことをうかがわせる有名な説話がある。

大足彦《おおたらしひこ》（景行天皇）が播磨の印南の別嬢《わきいらつめ》に求婚したときの話が伝えられている。播磨への旅にさいして大足彦は摂津の高瀬の済（渡）で淀川を渡ることになった。度子《わたしもり》は紀伊の国人の小玉という者だったが〝我は天皇の贄人《にえびと》ではない〟といって対等に対応し度賃を要求したという（『播磨国風土記』賀古郡の条）。

この話は滑稽な寸劇のようではあるが、古くから淀川水系に紀伊勢力の海人《あま》が進出していたこと、渡しの権限の大きかったことなどが読み取れる。淀川水系にとって男山は、船で往来する海《あ》人《ま》たちにとっては、目印になる聖なる山であり、その山が神聖視されだしたことは自然のことである。

行教と神応寺

男山の最北端の山塊、石清水八幡宮の本殿と谷をへだてた鶴ケ峯に、行教が開いたという神応寺がある。小ぢんまりとした禅寺ではあるが寺宝が多い。この寺は最初は応神天皇の位牌所として応神寺と称していたが、それでは憚《はばか》りがあるというので字を逆にして神応寺としたという。

神応寺に行教の坐像と伝える平安初期の木像がある。高さ七七センチの像で、剃髪《ていはつ》をし法衣をつけ左手に経巻をもった姿である。

ぼくはこの像を拝見したとき、これは一般的な神像ではなく、行教の個性をよくとらえた肖像だと強く感じた。というより、古代の肖像のなかでも抜群の力強さを感じた。石清水にとっての行教の果たした役割を考えるとき、今日まで伝えられたのは当然のこととも感じた。

この像は石清水八幡宮の開山堂に安置されていた。ところが明治初年に廃仏毀釈の風潮がたかまるとこの像にも危害がおよびかけ、頭上に烏帽子を釘打ちされて難を逃れたという。そのような嵐のなか神応寺に移され今日に至ったという。

ぼくは今回、京都の歴史を五冊にまとめるにさいして、京都の先人の多くの肖像に接した。そのなかでも高山寺の明恵《みょうえ》の像、大悲閣の角倉了以《すみのくらりょうい》の像、それと神応寺の行教の像の印象が鮮烈である。そのことには仏師の技もさることながら、三人の人柄の良さというか生きたエネルギーがそのような作品を生みださせたのであろう。

一遍の見た石清水八幡宮

生涯を全国の遍歴の旅についやした時宗の祖の一遍《いっぺん》は、弘安九年（一二八六）に難波の四天王寺や上太子の聖徳太子の廟に詣ったあと石清水八幡宮に詣でた。一遍の事績は死後間もなく、絵師が一遍の旅した場所を訪れて製作したとみられる「一遍上人絵伝」（一遍聖絵ともいう）に克明に描かれ、中世史研究の基礎資料となっている。この絵伝の各場面は今日の航空写真をみるように鮮明に描かれている。

石清水八幡宮の図では、東を正面とした鳥瞰図として、本殿を見下ろしている。回廊で囲まれた内側に東西に長細い本殿と同じほど長細い外陣があり、楼門を入った南東隅では座った一〇人ほどの僧が経を唱えている。一遍の一行で、正面で机に向うのが一遍だろう。

石清水八幡宮の楼門

回廊の東正面には鳥居が建ち、その南側に二層の塔が建っている。これは石清水八幡宮にある二つの塔のうちの小塔である。大塔はこの図からはみだしているが、頂上平坦地の北西、通称西谷にあった。大塔も二層であった。この大塔のすぐ北側に阿弥陀如来像を安置する八角堂があった。

この八角堂は明治初年の神仏分離の嵐のなか、正法寺の住職によって志水の西車塚古墳の後円部に移建された。一度内部を見学したことがある。鎌倉時代の木造の仏像があって堂々とした大きさに圧倒された。なお正法寺にも多数の平安時代の仏像があって、そのなかには元の宮寺の信仰をしのべるものも含まれていることであろう。

いずれにしても廃仏の嵐が男山を襲う以前の姿を頭に描かないと、男山に長くつづいていた信仰の姿

放生川と太鼓橋

放生会で鳥と魚を放っている（文政３年の『細見男山放生会図録』、梅原章一氏撮影）

にはせまることはできない

放生会

宇佐神宮の三祭神のうちの筆頭は「八幡大菩薩宇佐宮」である（『延喜式』神名帳）。この神社が全国にある八幡宮の本源であることはいうまでもない。

石清水八幡宮も、貞観元年（八五九）に宇佐宮に参詣した行教によって男山の峯に勧請されたと伝えている。その二年ののちの貞観三年五月一五日に、朝廷は使者を京に近い名神七社に遣わし雨を祈らせたが、そのなかに石清水八幡宮が含まれていた。

そのときの祭文には〝掛けまくも天皇が畏《かしこ》き八幡大菩薩に雨を降らして五穀を豊《ゆたか》に熟《みの》ることを祈願〟していて、すでに注目される神となっていた（『三代実録』）。

このとき使者となったのが和気朝臣彝範《つねのり》である。和気清麻呂が男山の隣接地に足立寺《そくりゅうじ》を建立し、今日も寺跡の隣に元は清麿神社とよばれた和気神社のあることにはすでにふれた。行教（あるいは紀氏）と和気氏の関係についても関心はあるが、今はメモするにとどめておく。

養老四年（七二〇）二月に、大隅と日向の隼人が反して大隅国守の陽侯史麻呂《やこのふひとまろ》を殺した。そこで政府は大伴旅人を征隼人持節大将軍、笠御室と巨勢真人を副将軍として派遣した。

この戦に宇佐宮の禰宜《ねぎ》の辛嶋勝代豆米《からしまかつよとうめ》が神軍を率いて敵を討った。多数の隼人を殺したので大神は放生を修すべしとの託宣をした。諸国の放生会《ほうじょうえ》はこの時に始まったという（『扶桑略記』）。

放生会はもとは仏教の行事であるが、このころすでに宇佐神宮には弥勒寺を造るなど仏教は浸透していた。やがて境内に多数の塔を建てることになった。

石清水での放生会は貞観五年に始まったという。やがてこの行事は勅祭となり、神輿の送迎は天皇の行事に準じるほど盛大となった。現在は九月一五日に石清水祭としておこなわれている。

放生会は八幡宮の北東の麓の放生川でおこなわれる。この川には頓宮《とんぐう》のすぐ東に太鼓橋の安居橋が架かっていて、そのたもとに放生亭があった。ぼくは文政三年（一八二〇）に刊行された『細見男山放生会図録』を求めたことがある。この本には放生川に桶《おけ》から魚が放たれ、鳥籠から鳥を放す様子を放生亭内から公卿らしき人物が見守っている様子が描かれている。

今日、八幡宮へ詣るにはケーブルで山頂へ向かうか、あるいは歩いて石段を登るかのどちらかである。歩いて登るとなると一の鳥居から境内へ入る。山の麓にあって山下とよばれている。山下にまずあるのが頓宮北門で、そこに塀で囲まれた一郭に頓宮殿と頓宮斉舘がある。さらに広場があってから頓宮南門がある。

頓宮というのは天皇の行宮（仮宮）のこと、天皇や上皇または勅使のための施設である。『細見男山放生会図録』には数百人の人によっておこなわれる行事の様子が描かれている。これは文化一〇年（一八一三）に勅使が参列したときの状況を記録したとみられるが、駕輿丁《かよちょう》のかつぐ鳳《ほう》輦《れん》をはじめ、僧や神人《じにん》、それに多くの俗人らが集まり、圧倒される熱気にあふれた祭りである。

高良社

頓宮南門をでるとすぐに高良大明神を祠る高良《こうら》神社がある。『高尾・嵐山・花園・松尾の巻』でのべたように、石清水詣りをした仁和寺のある法師が間違って拝んで帰ってきたのが極楽寺と高良社であった（『徒然草』第五二段）。

極楽寺も石清水八幡宮に関係した寺で、成立は護国寺よりは新しい。山下にあることもあって繁栄し、支配する荘園は各地にあった。放生会でも大きな役割を果たし、頓宮が設けられた。江戸時代に幕を下ろすこととなる慶応四年（一八六八）の鳥羽・伏見の戦で焼かれ、その直後の神仏分離令もあってその後は再建されなかった。

今日、頓宮の西に高さ約六メートルの五輪の石塔がある。これはもと極楽寺の境内にあったものので、極楽寺のあった場所の見当がつくだろう。社伝によると、摂津の尼ケ崎の富豪が日宋貿易の帰途、大風にあい、石清水八幡宮に祈願し無事帰国できたので奉納したといい、航海記念塔とよばれている。鎌倉時代ごろのものであろう。

仁和寺の法師が石清水の本殿と間違うほど、じつは高良社も九州では由緒のある社なのである。高良大社は福岡県久留米市御井町の高良山の中腹にある。この地域は継体天皇と戦をした磐井の本拠地で、この山が磐井勢力の聖地とみられる。

高良社には古代の山城とも聖地ともみられる神籠石《こうごいし》があって、一部は高良大社と重複している。聖地でもあり山城でもあるとみてよかろう。この神籠石に水源のあるのが岩井川であり、下流に岩井という薬師如来を祠《まつ》る聖なる水場もある（図説日本の古代五巻『古墳から伽藍へ』の「磐井戦争の国際環境」）。

もと極楽寺の五輪石塔（航海記念塔）

高良大社は『延喜式』では高良玉垂命神社とある。この神は神功皇后の三韓親征を助けた神とされているが、男神とも女神とも両説がある。

高良大社は筑後国一宮であり、中世には九州の武将たちの信仰を集めた。宇佐神宮よりも九州の武将たちが崇拝した神社なのである。高良社がいつどのようにして男山の麓に祠《まつ》られるようになったのか、関心の集まるところである。

第5章　山里、田原の重要性と霊場

田原から近江の勢多へ通じる道（手前が田原）

交通の要衝としての田原

宇治田原町は鷲峯山山地にある広い盆地である。標高は三〇〇メートルから五〇〇メートルの高燥の地である。現在は宇治田原の地名を使っているが、元の郡域は宇治郡ではなく綴喜郡だった。『和名抄』では綴喜郡に田原郷があって、発音は「多八良」としている。このような歴史を重視して、以下は田原の地名を使うことにする。

奈良時代の中ごろに、藤原仲麻呂という政界の大物がいた。大仏建立の推進者で天皇の信頼もあつく、淳仁天皇からは恵美押勝《えみのおしかつ》の名までいただいた。だが孝謙太上天皇が寵愛する道鏡の排斥に失敗してから、仲麻呂の運命は急変した。

仲麻呂は天平宝字八年（七六四）九月、大和を脱出し鉄穴を支配するなど勢力を築いていた近江へ宇治をへて行こうとした。ところが山背守の日下部子麻呂と衛門少尉の佐伯伊多智が田原道を使って先に近江に至り、勢多《せた》橋を焼いてしまった。勢多橋は東国へ行くさいに渡る必要があり、何度もこの橋をめぐって合戦がおこなわれた。仲麻呂は勢多橋が焼かれたことを知って、色を失ったと

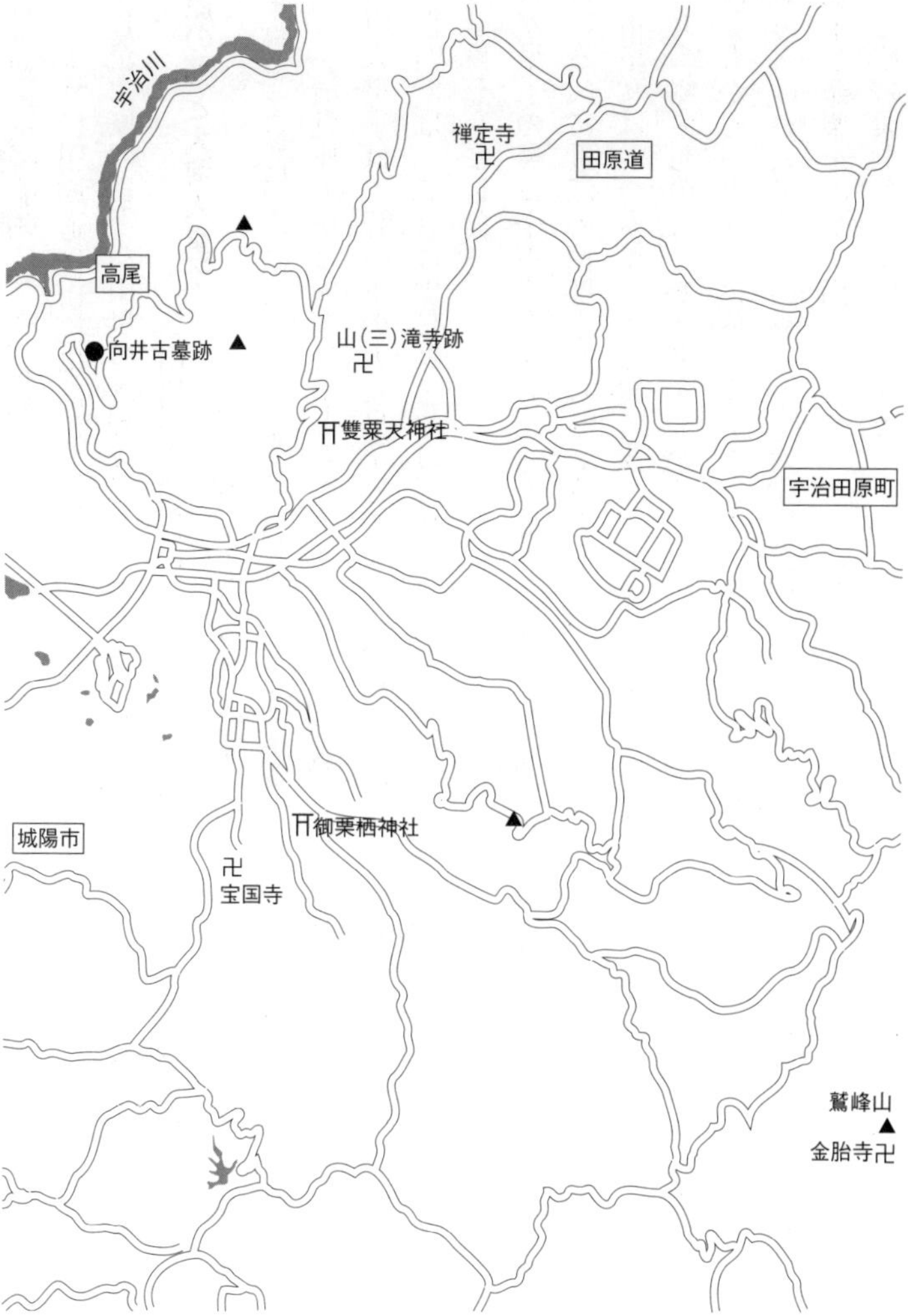
宇治川
禅定寺
田原道
高尾
向井古墓跡
山(三)滝寺跡
雙栗天神社
宇治田原町
城陽市
御栗栖神社
宝国寺
鷲峰山
金胎寺

『続日本紀』は記している。結局、仲麻呂は湖東へは行けず湖西の高島で敗死した。

このように田原道は山奥にあるとはいえ、近江（とくに湖東）への近道だったのである。佐伯伊多智が田原のような山里の地理に詳しかったとみられ、その後の戦でも神出鬼没の働きをした。

田原の重要性については、壬申の乱で勝利をおさめた大海人《おおあま》皇子（のちの清（浄）見原天皇つまり天武天皇）にも語られている。これは『日本書紀』にはでていないが、地元に根強い伝承があり、鎌倉時代初期の説話集『宇治拾遺物語』に「清見原天皇と大友皇子とかっせんの事」が記載されている。

田原の栗と大海人皇子

大海人皇子は天智の子の大友皇子との対立を避けて吉野山の奥に入り、法師になるといいだした。世間では〝これは虎に羽をつけて放すようなこと〟といったので、大友皇子は軍を整えて大海人を殺そうとした。

大友皇子の妻に十市《とおち》皇女がいた。大海人と額田《ぬかた》王のあいだに生まれた女である。十市皇女は吉野にいる父に近江の情勢を知らせようとした。

十市皇女はつつみ焼にした鮒の腹に、小さく文をかくして送ったという。ぼくはこの鮒とは近江特有の鮒ずしのことかと考えている。鮒ずしならば小さく折った文は飯粒にかくしやすい。それはともかく、大海人は危険がせまっていることを知った。

大海人は一人で偵察の旅にでて、「山城国、たはらといふ所」についた。すると里の人が高坏に焼栗と茹栗をのせて出してくれた。ところが大海人は〝思ふ事かなふべくは、おひ出て木になれ〟とその栗を食べずに土へ埋めた。

壬申の乱で大海人は勝利した。そのころ焼栗と茹栗は木に育ち、今も田原の御栗として献上されているという。以上が話の粗筋《あらすじ》である。

田原の御栗栖神社

大海人が田原に来たことがあるとする以上の伝承には、史実がひそんでいるかもしれない。『日本書紀』では、吉野に入った大海人らに粮《かて》を運ぶのを防ぐことを菟道《うじ》の守橋者に命じている。このような事態のなか、間道としての田原道の重要性を大海人側が調べて知っていたことはあり得ることであるし、壬申の乱にさいして、近江へ攻めこんだり連絡するのにも田原道は役立ったとみられる。

今日の田原は茶畠がひろがっているが、茶畠となる前には栗栖《くるす》があったという。『朝野群載』に「田原御栗栖大明神」が記され、御栗栖神社は今も郷社の一宮となっている。さらに平安時代には田原御栗司が置かれていた。

ぼくは栗の実をとることを目的に植栽しているのは栗栖、栗の材（板や柱など）をとることを目的としたのは栗林とみている。栗林は法隆寺や東大寺などの資財帳にしばしば記され、後に述べる田原の禅定寺にも

「栗林一町歩」があった（長保三年（一〇〇一）の「禅定寺領田畠流記帳」）。

司馬遼太郎さんの田原行

田原でぼくが想い出すことがある。昭和五七年（一九八二）の春（月日は失念）に、作家の司馬遼太郎さんがわが家を訪問された。たしかその数日前に京都の居酒屋でご一緒したときに、急に〝君の家へ寄ります〟ということになったと記憶する。

司馬さんはみどり夫人と二人で寄られた。午前中だったので母が司馬さん好物のタケノコご飯を炊いてお出しした。

ぼくは〝これからどこへ行くのですか〟と尋ねると〝田原です〟。

ぼくは田原での用件が理解できないでいると〝伊勢新九郎の小説を書くことになったので、田原へ行ってみたくなったのです〟。

ぼくは〝新九郎が田原生れという史料があるのですか〟というと〝いや、私の想像です。でも田原に関係があるようにおもうのです〟。以上のことは昨日のように鮮明に覚えている。このあと司馬さんは待たせてあった車で田原へ向かわれた。

伊勢新九郎はのちに北条早雲と名をかえ、小田原の後北条家《ごほうじょうけ》の初代となった。北条は伊豆の地名である。司馬さんは「箱根の坂」の題名で新聞に連載を始められた。そのころのぼくには、司馬さんが伊勢新九郎について田原出と想像されたことは理解できなかった。しかし田原に限らず山里の勉強をつづけるうちに、理解できるようになってきた。

丹波南部にも山国とよばれる地域があって、歴史上での役割が大きいし、変わった文化人の出るところでもある。山国といってよい土地の一つに、飛騨のように財力と技術力をもつところもある。

数年前に『宇治田原町史』上下二巻が送られてきた。読むうちに平将門を誅した武将の藤原秀《ひで》郷《さと》が田原（俵）藤太《とうた》の通称をもっていることを想い出した。通称にはしばしば自分の出身地の名が使われる。

秀郷は下野《しもつけ》の武士ではあるが、近江の三上山《みかみ》の蜈蚣《むかで》退治の話のように、近江でも活躍している。田原藤太が勢多（田）橋を通りかかったとき、橋の上に龍神の化けた大蛇が横たわり、それを藤太が踏むことから話が始まっている（例えば井沢蟠竜『広益俗説弁』「士庶の項」）。

田原から間道をとると瀬田川の上流にでることは、先に藤原仲麻呂の事件の話で述べた。もちろんこれからの検討に待たれることではある。しかし藤原秀郷の仮称が田原藤太であることを司馬さんが知っておられて、伊勢新九郎の田原出生をおもいつかれたことも考えられそうである。

秀郷の二十三代のちという小山七郎高重は、尾張藩に仕えていた。七〇歳になったとき、亡父の眠る田原郷で法要をおこない、建てた石碑が今も田原大字南の宝国寺の境内にある。小山氏は下野の豪族で、この碑は元和九年（一六二三）に建てられたものである。田原藤太の出自を考えるさいの参考になる。

田原の向井古墓

昭和一五年（一九四〇）に田原の大字高尾で、奈良時代初期とみられる古墓が道路の拡張で見つかった。盆地全体を見おろせる丘陵中腹だという。古墓の構造は不明ではあるが、和同開珎をともない、水瓶形土器や肩に小壺をつけた長頸壺、高坏、蓋付坏などが出土した（図は『宇治田原町史』一巻に掲載されている）。

壬申の乱で功があった者は天武朝でしばしば叙位されていて、ぼくの推定ではこのほか叙勲にあずかった者も多くいたことであろう。向井古墓の被葬者もそういう人ではなかっただろうか。なお田原には二ケ所に奈良時代前期の須恵器窯址が見つかっていて、しっかりした製品が作られた。この窯も向井古墓をのこした人（氏）が操業していたとみられる。

山滝寺と禅定寺

奈良時代に田原で建立された大寺として、山《さん》（三）滝寺《りゅうじ》があった。後に述べる禅定寺《ぜんじょうじ》の文永九年（一二七二）の古文書のなかに、山滝寺の名が見えていて寺名がわかる。

田原のような山村にこのような伽藍があったのは、不思議である。ここで一つ想起されることがある。それは田原天皇である。もしこの場合の田原が地名をつけたものであれば、田原についての歴史の見方が違ってくる。この場合の田原は『延喜式』の諸陵寮の条「大和国添上郡の田原東陵」によって、奈良市南東郊の田原とみられている。

「嵯峨・嵐山・花園・松尾の巻」で述べたことだが、平安時代前期の清和天皇はその短い生涯の最終の期間を、嵯峨の奥にある水尾を「終焉の地」と定めた。

清和天皇は「水尾御門《みかど》」とか「水尾の帝」とよばれたことにもすでにふれたが、田原よりも狭い水尾の山里に憧れをもち、その土地の名でよばれた人がいることは田原天皇を理解するのに役立つ。

田原天皇は歴代の天皇のなかにあるのではない。だが正史に名がでている。『続日本紀』の光仁天皇の条の冒頭に、この天皇は「田原天皇の第六の皇子なり」とある。これよりあと、正史でも田原天皇はよく使われた。

田原天皇は天智天皇の子の施基《しき》皇子のことで、施基皇子の子の白壁皇子が光仁天皇になった。白壁皇子が即位したすぐあとで、父の霊を慰めるため建立されたのが山滝寺との推定も可能になる。光仁天皇は即位の直後に父のため田原天皇という天皇名を追尊しているから、それに対処して寺を建立したことは考えてよい。大和の田原とともに、山城にも田原のあることは留意しておいてよかろう。

山滝寺は奈良時代に瓦葺の建物をもっていたことが、出土の瓦からわかる。丸瓦で多いのは平城宮で使われている複弁八弁の蓮華文丸瓦である。このような宮殿で使用する瓦を転用できたのであるから、山滝寺の造営者の地位が推測できる。

この寺は中世には禅定寺に属するようになり、紆余曲折をへて江戸時代に建立された大御堂が昭和初期までのこっていた。この御堂には阿弥陀如来像が安置されていた。なお山滝寺は田原にあるとはいえ、盆地中央の平坦地にあったから、いわゆる山岳寺院ではない。

禅定寺は田原の盆地の北東部、田原道を少し進んだ西側にある。摂関家の支援によって維持され、平安時代の多くの信仰財としての仏像を伝えるだけではなく、平安時代中期から江戸時代におよぶ古文書は「禅定寺文書」として名高い。

大きな藁草履の下る仁王門を入ると、左手に康永三年（一三四四）銘のある南北朝の五輪石塔があり、正面に萱屋根の本堂がある。屋根にはきらきら光るアワビの貝殻をたくさんとりつけて

屋根にアワビの貝殻を散らした禅定寺の本堂

ある。

禅定寺は東大寺の別当の平崇によって、正暦二年（九九一）から五年を費やして建物が造営された。本尊は十一面観音立像であることは、山号を補陀落山《ふだらくさん》観音妙智院といっていることと符号している。

十一面観音立像は高さが二・八六メートルもあって、木造とはいえ奈良時代の乾漆像を見るような個所もある。脇侍としての日光菩薩立像と月光菩薩立像とともに、収蔵庫にしまわれている。

禅定寺は盆地中央にあって、いわゆる山岳寺院ではない。とはいえ盆地の周囲には山が取りかこんでいて、先にふれた長保三年の「禅定寺領田畠流記帳」には杣山一千町歩を所有していた。寺領の栗林が一町歩であったことをおもうと、その広大さが察せられる。この広大な杣《そま》山は禅定寺のものというだけでなく、摂関家も禅定寺を介してこれらの杣山を支配しようとしたのであろう。

第一章でふれたように、柿本人麻呂は山代（背）のことを開木代と表記していた。これは山を開くための場所、つまり伐採など山仕事に適した土地と解釈できる。そのことを実感できるのは田原周辺の杣山である。

杣《そま》とはいうまでもなく〃樹木を植えつけて材木をとる山〃であるから、寺の収入源になった。摂関家が田原に目をつけたのは、環境が観音信仰の霊地というほかに、杣山の資源を掌握したかったとみられる。

最後に一つメモしておこう。『興福寺官務牒疏』の記載である。「禅定寺　綴喜郡宇治田原郷にあり。僧房十二宇。衆徒九家（以下略）」とあって、地名に宇治田原が見える。今日では宇治田原町の地名が使われているが、この史料からみて、宇治田原の使用は室町時代まではさかのぼる。これはしだいに平等院のある宇治方面との交流が盛んになることと関係するか、とみている。

白川金色院

鷲峯山山地の北西部に、狭隘ではあるが南北に細長い小盆地がある。宇治市白川である。京都市のもと愛宕《おたぎ》郡の白川を北白川といって、宇治の白川を南白川と対比することもあった。近代の道路が整備される前は、宇治から田原に行くときの通過地だったとみられる。江戸時代前期の儒学者黒川道祐は、白川について「山水幽邃《ゆうすい》ノ地ニテ誠ニ小桃源トイウベシ」といっている（『雍州府志』巻の二）。

白川に金色院を建立したのは藤原頼通《よりみち》の娘の四条宮寛子《かんし》（後冷泉天皇の皇后）で、康和四年（一一〇二）と伝えられている。父の頼通が宇治に平等院を建ててから半世紀近くがたっていて、寛子が白川の地を選んだ背景が理解される。

寛子の建立した金色院はそれほど大きい建物があったのではなく、宇治市教育委員会の発掘によって、一間四面孫庇付の建物が本堂の文殊堂だったと推定される。

白山神社の拝殿

兵庫県加古川市の鶴林寺《かくりんじ》には同じような構造をもつ十二世紀初頭の太子堂がのこっていて、金色院をしのぶのに役立つ。

文殊堂は瓦葺だったとみられ、平等院で使われているような河内の向山瓦窯（八尾市）の瓦が使われている。寛子は平等院を建立した藤原頼通の娘であったから、同じ瓦を使えたのだろう。

『興福寺官務牒疏』に「白河寺金色院」の記載がある。「久世郡宇治にあり僧房八宇。養老四年、越智泰澄、上足昭澄上人開基。中興清和帝国母、四条后本願也。鎮守白山社」とある。国母は天皇の母、「清和帝国母」は誤記とみられる。

この記述によって、寛子が文殊堂を建立したのはこの寺の「中興」であって、それ以前に寺（白河寺）があったことが示唆され、しかも越《こし》の泰澄《たいちょう》にゆかりのあることがうかがえる。「上足」とは高弟のこと、この文では泰澄も開基なのか、それとも高弟の昭澄上人の開基なのか判読しにくい。しかし鎮守に白山社、つまり白山神社のあることは重視してよい。白山神社は文殊堂跡の南の山腹にあって、拝殿は鎌倉時代中期（建治三年（一二七七）の萱葺の建物である。加賀の白山は泰澄が修行した山で、白山にある白山《しらやま》比咩《ひめ》神社（式内社・白山神社）は泰澄が開いたと伝えられている。

金色院跡の発掘では「創建前遺物」が出土している。数は多くはないが、奈良時代の須恵器が出土していて、『興福寺官務牒疏』のいう白河寺の時期のものとみられる。

文殊堂跡には寛子の供養塔と伝える九重の石塔がたち、その少し北側に地蔵院がある。中世の白川村の惣堂といわれているが、ここに八世紀のものとみられる阿閦《あしゅく》如来立像や脇侍を配した阿弥陀如来坐像などの金銅仏がある。これらは金色院以前の白河寺の遺品とみられる。地蔵院には金色院のものと推定される阿弥陀如来立像や観世音菩薩坐像も保存されている（これらの仏像は京都国立博物館に寄託されている）。

宇治白川に残る昔の惣門

金色院は室町時代中期に火災で焼失したが、熱心な勧進《かんじん》で復興し、多くの坊ができた。薪の酬恩庵にいた連歌師宗長の日記には、「宇治白河別所辻坊」がしばしば記され、何度も宿泊している。連歌をたしなむ僧のいたことがわかる（『宗長日記』）。

黒川道祐が「小桃源」といったように、文化人が集まって生活した土地の観を呈したのである。今日は寺跡の西に惣門だけがのこっている。

当尾の石仏群

南山城の最南端に当尾《とうの》という山里がある。中世には塔尾とも書いたように、丁寧に発音すると〝とうのお〟であり、嵯峨の奥に高尾や栂尾《とがのお》など尾のつく地名が多いことを想い出させる。

当尾の北には木津川が流れ、北東には笠置山が聳え、東は大和の柳生の盆地、南は奈良市、西は木津町である。だから南山城の農村風景のひろがる山里とはいえ、奈良坂をこすとすぐに東大寺や興福寺のある奈良の市街地となる。

笠置山に花崗岩質の巨岩の露頭が多く、その一つを利用した弥勒の大磨崖仏のあることは先に記した。当尾にも花崗岩の巨塊が散在していて、それを加工した石仏が多数みられ、当尾の石仏として知られている。

当尾には後に述べるように岩船寺《がんせんじ》と浄瑠璃寺（九体寺《くたいじ》）に平安時代の阿弥陀如来の木像を安置しているけれども、石仏にも全体としては阿弥陀如来像が多く、阿弥陀如来像の群在する浄土の里を現出させている。

これらの石仏のうち、岩船寺の南西にある阿弥陀三尊磨崖仏を代表させたい。巨岩を巧に利用して幅の広い舟形のくぼみを作り、そこに中尊の大きな阿弥陀如来を彫り、脇侍の観音と勢至の三菩薩を半肉彫であらわしている。俗に「笑い仏」といわれるように三体とも表情はやさしく、大きな蓮華の台座に定印《じょういん》をむすんで結跏趺坐《けっかふざ》している。

向かって左下に「永仁七年二月一五日、願主岩船寺住職□□大工末行」とある。

永仁七年とは一二九九年、阿弥陀如来像を本尊とする岩船寺の住職が宋から渡来した石工の伊行《いぎょうまつ》末派の末行（伊行末の日本名か）に製作を依頼したようである。

伊行末は東大寺大仏殿の再建にさいして重源にさそわれて来日し、のち和様の石塔を各地にのこしている。奈良坂の般若寺の十三重石塔や京田辺市草内の法泉寺の十三重石塔（銘に「猪行末作」とある）などの名品をのこしている。

当尾には製作年のわかる石仏も多数あるが、阿弥陀のほか弥勒、不動明王、地蔵などがある。奈良時代までさかのぼるのは、笠置寺の弥勒菩薩の大磨崖《まがい》仏と当尾の大門仏谷にある阿弥陀如来の坐像であろう。

木造の建物や仏像が兵火などで失われることがあるのにたいして、野の仏といってもよいこれらの石仏群には、不滅の魂が宿っているのを感じる。ゆっくりした時間のあるときに巡礼するとよい、心の故郷である。

岩船寺と阿弥陀如来坐像

当尾の南東の奈良県境の山間《やまあい》にあるのが高雄山岩船寺《がんせんじ》である。寺伝では行基の開基となっているが、空海の姉の子の智泉が報恩院を建立したころから、いいかえれば平安中期に浄土教が盛んになるころからの歴史がたどれる。

本尊の阿弥陀如来は、高さ二八四センチの堂々としたケヤキの一木造の坐像であり、見るからに古様がただよっている。胎内の墨書銘に天慶九年（九四六）とある。この年は源信の『往生要集』ができるよりも古い。

阿弥陀如来坐像
（岩船寺、『仏像集成３』学生社より）

ぼくは長らく丈六の阿弥陀如来坐像といえば、宇治の平等院の鳳凰堂の本尊が頭にこびりついていたが、今回、四〇年ぶりに岩船寺のこの本尊に接し、その重厚さに圧倒された。

天慶九年といえば、平将門と藤原純友の反乱がようやく鎮圧されたころ、平安を強く願う人が願主となって造立したとおもう。

岩船寺には他にも平安時代以来のすぐれた信仰財がある。しかし本尊の阿弥陀如来像にぼくは見入ってしまい、印象は残らなかった。

お堂を出ると樹木にかくれるようにして、小ぢんまりとした三重塔がある。嘉吉二年（一四四二）の銘がある古塔である。三重の塔のほか均整のとれた十三重の石塔もある。銘はないけれども鎌倉時代のものとみられている。

寺の入口近くに鎌倉時代の石槽《いしぶね》があるのは、僧が湯をあびた石製の湯槽である。古墳時代の石棺と間違いそうだが、南山城には石槽が多い。浄瑠璃寺の入口近くにも一つある。

岩船寺の鎮守が白山神社で、本堂背後の丘にある。白山神社は宇治の白川にもあったけれども越の神である。この小さな桧皮葺《ひわだぶき》の本殿は、三重塔と同じころの室町時代の建物である。

南山城では京田辺市の宮津にも、室町時代の本殿の白山神社がある。このように白山神社が南山城に点在していることの意味は、さらに追求する必要がある。

岩船寺の三重塔

九体の阿弥陀像のある浄瑠璃寺

浄瑠璃寺《じょうるりじ》は奈良県境に近い当尾の南西部にある。山里とはいえ、この寺を訪れる人で賑わっている。

寺に近づくと、道端に野菜や漬物、さらにお茶などを商う無人の店があちこちにでていて、当尾の風物詩になっている。四〇年ほどまえに来たとき、お寺のすぐ前で一店だけそのような商《あきない》の仕方に出会って、印象にのこったが今では大流行している。

浄瑠璃寺は一年中、花、葉や実の色の変化が絶えない。春は馬酔木《あし(せ)び》・つつじ・椿・桜、夏はあやめ・かきつばた・ききょう・ふよう、秋は萩・楓の紅葉・柿の赤い実、冬は千両や万両の赤い実、水仙など。瑠璃とは梵語で七色の宝石のことだが、この寺では四季折々の花や実のように命のある瑠璃でかこまれている。

山門を入ると眼前に大きな池（阿字池）がひろがり、

中央に弁財天の小祠のある中島がある。このような池は浄土教の庭園には欠かせず、宇治の平等院や平泉の毛越寺《もおつじ》でも見られる。この池にも初夏に花の咲く睡蓮がはえている。ぼくは昭和二五年の夏、初めて倉敷の大原美術館でモネの睡蓮の絵に接し一時間ほど見とれたことがある。あの時どうして睡蓮からそれほど強烈な印象をうけたのだろう。

この池をはさんで右側（西）に九体の木造の阿弥陀如来像を祠る本堂の阿弥陀堂があり、左側（東）の小高いところに薬師如来像を祠る三重塔がある。建物の配置といい周囲の木々との調和といい、完璧な浄土の様子が現出されている。

阿弥陀堂は九体阿弥陀堂ともよばれ、桁行十一間、梁間四間の寄棟造で瓦葺である。長細い建物で、池に面した側の中尊のおわす中央に張り出した向拝《ごはい》があるほか、どの阿弥陀如来像にも板扉がついている。この建物は嘉承二年（一一〇七）つまり平安時代後期の建築である。

阿弥陀如来像が一列に並んでいる様子は、三十三間堂に一〇〇一体の観音像が群在しているのとはまた違った壮観さがある。なお九体の阿弥陀如来の坐像がお堂の建てられたころの製作とする説、あるいはそれより半世紀ほどさかのぼるとみる説の両説がある。いずれにしても平安時代の仏像がその時代の建物に安置されつづけていることは奇跡というほかない。

三重塔も平安時代後期の建物である。これは治承二年（一一七八）に京都の一条大宮から移築されたと伝える。もと何という寺にあったかは調べられていないが、そのまま京中にあれば応仁の乱で失われたであろう。本尊の木造の薬師如来の坐像は秘仏とされているが、天平風の面影がのこり、浄瑠璃寺が東小田原の地に創建された十一世紀初めごろの製作とみられている。名品といってよい信仰財である。

京都には北の大原と南の当尾に、平安時代の人たちが信仰生活をおくった霊場が環境とともに伝えられている。大原を見た翌日に当尾を歩いてみるのも京都の歴史を足元からさぐるのに好個のコースであろう。

宇治殿から平等院へ

近江と山城との境に横たわる山塊を引き裂くようにして流れてきた宇治川が、塔ノ島（浮島ともいう）によって流れが分断されるあたりから急に流域が平地となる。このあたりで宇治川の右岸には宇治神社があり左岸に平等院がある。

この地形は「高尾・嵐山・花園・松尾の巻」でみた大堰《おおい》(井)川の大堰のあるあたりの地形とよく似ている。塔ノ島と橘の小島とよばれる中洲が連続する島も、自然にできたのかそれとも灌漑の必要から人工的にこしらえたのか疑問が湧いてくる。

今日でも橘の小島の西側の宇治川左岸に井川用水とよばれる取水口があって、平等院の境内を通って久世郡の平野に配水されている。この水の取り方が古くにさかのぼるとすれば、平等院がある場所（それはさかのぼると宇治殿のあった場所であるが）は風光明媚ということに加え、灌漑上の重要拠点だったことになる。

今日、平等院のある場所は蓮華という字名になっている。おそらく平等院建立後にできた地名であろう。この地が貴族の別邸となったのは左大臣の源融の宇治の別業が古く、寛平元年（八八九）十二月二十四日には融《とおる》の申出によって陽成天皇が幸した。行動が粗暴なこの天皇は別業の柴垣をこわして（馬にのって）狩にでかけている（『扶桑略記』）。

この宇治の別業は宇治院（殿）とよばれ、何人かの手をへて宇多天皇の孫の源重信のものとなり、その死後に藤原道長が買得した。さらに道長の子の頼通が宇治殿として受けついだ。頼通が晩年ここに仏殿を建立したのが平等院であった。だから寝殿に仏殿のある施設であり、最初は大日如来を安置する堂があった。これが平等院の本堂となり、今日の観音堂にその名残をとどめている。鎌倉時代前期の建物である。

池の中島に建つ阿弥陀堂

本堂の南側に阿弥陀堂が完成したのは天喜元年（一〇五三）である。さらにお堂の左右に二つの翼廊と背後に尾廊がつけられ、正面からの外観が鳳凰が翼をひろげた姿に似ているところから、鳳凰堂とよばれるようになった。

ただしこの名があらわれるのは、江戸時代になってからのことである。

この阿弥陀堂には仏師定朝《じょうちょう》（舊）の造った高さ二八三センチの大きな寄木造りの阿弥陀如来の坐像一体だけが祠《まつ》られ、脇侍やほかの仏像は置かれなかった。

定朝は藤原道長の造立した法成寺などの仏像の製作に当り、仏師の集団を率いて仕事をこなし、寄木造りという製作の便法をあみだした。平等院の阿弥陀堂の阿弥陀仏像は定朝晩年の円熟期の作品である。

錯覚しそうではあるが、平等院の阿弥陀堂はこの寺の本堂ではない。頼通が自己の信仰の場としたところである。

久しぶりに訪れてみると、この堂は十円硬貨や切手の絵からうける印象よりは狭い。中央に定朝作の阿弥陀如来の坐像が置かれ、そのまわりを廻ることができる。とはいえ大勢の僧で読経などの宗教行事をする空間はない。また扉をあけるとかなり離れたところからも像のお顔は見える。

床の上には脇侍などは一切置かれていないけれども、内陣四方の長押《なげし》の上の小壁には五二体の雲にのる供養姿の菩薩像が懸けられている。菩薩像で多いのは琴をひいたり横笛、竪笛、笙《しょう》を吹いたり鉦《しょう》をたたいたり鼓を打つ、さらには簓《ささら》らしきものを両手でもつなど音楽を奏でている。合掌姿や蓮の花を手で持つ姿もある。これらは『扶桑略記』がいうように「極楽浄土の儀を移す」ものであろう（康平四年十月廿五日の条）。これらの像は定朝の率いる仏師たちがこしらえたとみられている。

阿弥陀堂の前面には大きな池（阿字池）があって、浄土教庭園の代表例とみられている。平等院の古図（寺伝では室町時代）には阿字池は阿弥陀堂のまわりに繞《めぐ》り、島の上にお堂がある姿が描かれている。平成三年（一九九一）に始る庭園の発掘と整備事業によって、池の岸に造られた洲浜がお堂のすぐ下まで達していたことがわかった。その結果、お堂の前面に池があるのではなく、池の中島いっぱいに阿弥陀堂と翼廊や尾廊が建っていたことが確認された。中島の規模は南北五八メートル、東西の最大幅約三七メートルで、鳳凰堂はまるで大海に浮ぶ島に建っているという状況であった（『平等院庭園保存整備報告書』宗教法人平等院、二〇〇三）。

お堂が中島にあるため、本堂のある北岸から北の翼廊に向って小橋が架けられていた。この橋を架けるため池のなかに小さな島を造ってその島を中間の土台として二つの小橋を架けていた（その状態が復元された）。

もう一つ想い出すことがある。昭和二九年から三二年に鳳凰堂の大修理がおこなわれ、阿弥陀如来像も台座からおろされた。そのさい胎内に月輪状に梵字を墨書した蓮台が納入されていることがわかった。この蓮台には褐色を帯びた白土が塗られていて、藤原道長を荼毘《だび》に付したときの骨灰を混ぜて頼通が父の供養をしたのではないか、という趣旨の新聞記事があった。この新聞記事はもう見当たらないが、ぼくは優美な阿弥陀如来像が納骨機能をかねているのではないか、というので印象にのこった。

平等院の塔と鐘

のちに金色院を建立することになる頼通の娘の四条宮寛子は、康平四年（一〇六一）一〇月二五日に平等院に多宝塔を建立した。阿弥陀堂の南東に当り、すぐ前が宇治川の岸である。この塔跡は一九九四年夏の発掘で位置がわかり、推定復元図も発表された。

この塔の供養のことは『扶桑略記』にのっていて、その一節に平等院を「水石幽奇、風流勝絶、前に一葦《い》の長河を渡すあり、あたかも群類を彼岸に導く如し（以下略）」と描写している。この塔を境内に復元できると、平等院の景観はいっそうひきしまるであろう。

平等院には天人・鳳凰・唐草文様を鋳出した名高い梵鐘がある。高さは一九九センチある。現在は宝物館（鳳翔館）に陳列されている。

「洛東の巻」の「法性寺と西寺古鐘」で述べたように、九条道家が〝平等院の鐘はもと円提寺の鐘で宇治大閤（藤原頼通）が平等院に移して用いた〟と、建長二年（一二五〇）の「沙門行恵家領処分状案」のなかで述べていた。円提寺は井手寺のことである。道家の発言は一三世紀になされたもので一考の余地はあるが、『宇治市史』では平等院の梵鐘の天人の絵は「鳳凰堂内部の意匠にも通じ、この点からも藤原中期唯一の遺鐘」として円提寺の鐘説を否定している。

それはともかく、戊戌銘をもつ妙心寺の鐘、三絶の鐘といわれる神護寺の鐘とともに三名鐘に数えられていて、ゆっくり観察すると楽しい名鐘である。

源頼政の自害と平等院
宇治川と合戦　その二

平安時代が終りに近づいた治承四年（一一八〇）に平等院は戦に巻きこまれた。四月におこった以仁王《もちひとおう》の平氏打倒の挙兵で、武将として加わったのが源《みなもとのよりまさ》　頼政である。

以仁王は後白河天皇の第三皇子である。源頼政は平清盛の信頼が篤く、その推挙によって従三位に昇り源三位頼政とよばれていた。歌人としても名高いが、老齢に達してから考えるところがあって、以仁王の挙兵に加わった。

頼政は摂津源氏で、今日の大阪市内の淀屋橋近くの渡辺を本拠としていた。渡辺は旧淀川（現在の大川）の河口近くにあって、水上交通と商業が盛んだった。さらに淀川によって上流の宇治とも関係があった。

宇治と淀川の河口の海との関係を示すのが宇治橋姫の物語である。橋姫は宇治橋の守り神で、現在の橋姫神社は橋の西詰に移されているが、もとは宇治橋の三ノ間の張り出し部分にあったと伝えるし、橋の下におわす神という伝えもある。

『源氏物語』の「宇治十帖」が「橋姫」の項から始まっていることも、橋姫が宇治の女性を象徴するようになっていたのであろう。

橋姫の強さを示す話がある。〝橋姫がつわりのとき七尋の和布《わかめ》をほしがった。そこで男（夫）が海辺（摂津の海か）へ和布をとりに行った。ところがその男は竜神の聟《むこ》となってしまった。だが橋姫は男を連れ帰って連添った〟という（『山背国風土記』逸文の「宇治橋姫」）。

治承四年の戦に話を戻す。近江の園城寺《おんじょうじ》にこもった以仁王と頼政の軍は、劣勢を挽回するため東大寺や興福寺のある奈良へ向う途中、宇治に寄った。これを追った平家の軍勢は人数が多く、宇治橋での戦のあと以仁王は逃げ、頼政の首が取られたという。以上は九条兼実の『玉葉』のような同時代の史料からの情報で、戦は小規模、頼政の死についてもとくには語られていない。要するに平等院が激しい戦場となった様子のないことは、平等院にとっては幸運だった。

ところが『平家物語』の巻四「橋合戦」と「宮御最期」では、宇治橋で華々しい合戦があったとして物語られている。これは創作なのか、それともそれを伝える材料があったのかはぼくにもわからない。

以下は『平家物語』での粗筋《あらすじ》である。頼政の従者とみられる武士として渡辺省《はぶく》、授《さずく》、唱《となう》などの名がでているし、園城寺の堂衆の筒井の浄妙明秀や一来《いちらい》法師の奮戦ぶりを詳しく語っている。この橋合戦の場面は、祇園祭の山の一つの浄妙山の立体的な人形となっていることはよく知られている。

先ほど述べたように、当時の同時代史料では頼政は首を簡単に取られて京へ運ばれている。しかし『平家物語』では、平等院の門のうちでの自害の様子を語っている。従者の渡辺長七唱《となう》に自分の頸をとらせ、唱は泣く泣くその頸に石をくくりつけ「宇治河のふかきところに沈めてンけり」と結んでいる。つまり頸は平家側に取られたのではなく、家来が宇治川に石をつけて沈めたとなっている。これは物語での創作なのかどうか。ぼくは何か信じたくなる想いがある。

このとき頼政は七六歳だった。人生最期の土地に平等院の境内（それは阿弥陀堂の近くだが）を選んだのは、偶然のことかそれとも頼政の意志が働いていたのか。ぼくは後者を考えたくなっている。死に方に違いはあったにしても、藤原頼通も源頼政も阿弥陀堂かその近くで最期を迎えたのである。

宇治の人たちは、頼政が死んだという五月末には宇治川を飛ぶ蛍の数が多いといっている。これらの蛍は頼政の亡魂だと信じられていると『宇治市史』は述べている。

以仁王は奈良へ逃げる途中、綺田で平家側に殺された。だが以仁王の令旨は各地に伝達され、以仁王や頼政の死の直後に伊豆にいた源頼朝の挙兵となり、五年のちには平氏は滅亡している。そのさいにも宇治川は戦場となるが、平等院には兵火は及ばなかった。平氏は滅亡の直前に南都を攻めて、以仁王に加担したとみられた東大寺や興福寺を焼き払った。そのことを考えると、平等院が無事でありつづけたのは幸運なことである。

浮島の十三重石塔と橘の小島

平等院のすぐ東側で宇治川の浮島に建つ十三重石塔は、すっかり宇治を代表する風景になっている。あとで述べるようにこの石塔は高さが一五メートルもあって、現存する石塔としてはもっとも大きい。

宇治川のこのあたりでは北に橘の小島があり、南に塔の島とよばれる浮島とが小橋で連結されている。この二つの中洲状の小島のうち古くからあるのは橘の小島で、この島は宇治川から灌漑用の水をとるため、中洲を利用して人工的に造ったとぼくは考えている。これにたいして浮島は鎌倉時代に石塔を建てるため中洲に手を加えて造ったのであろう。

橘の小島は『古今和歌集』に「よみ人しらず」「題しらず」として、つぎの歌が収められている(一二一)。

今もかも　咲きにほふらむ　たち花の　こじまのさきの　山吹の花

この歌の「たち花のこじまのさき」とは「橘の小島の崎」のこととみられ、小島の先端を詠んだのであろう。

『源氏物語』の「宇治十帖」では、浮舟という女性が登場する。「宇治十帖」の主人公といってよい匂宮が浮舟とで「橘の小島」に遊んだ場面では、島の様子が細かく描かれ、匂宮と浮舟が「橘の小島」を詠みこんだ歌をのこしている（「浮舟」の項、歌は省く）。

叡尊の十三重石塔の建立

鎌倉時代中期に叡尊《えいそん》という律宗の僧がいて、奈良の西大寺を拠点として活発な宗教活動をおこなった。

弘安四年（一二八一）に平等院の要請によって宇治に来て、橋寺や三室戸寺で供養をおこない、さらに平等院において大がかりな放生会をもよおした。叡尊は宇治橋の流失は漁で命を奪われた魚のたたりと考え、宇治川での漁をやめさせることにつとめた。

叡尊が宇治での活動をつづけるうちに、当時失われていた宇治橋の架橋にも着手し、弘安九年（一二八六）に橋は完成し橋供養がおこなわれた（『帝王編年記』ほか）。

この架橋と同時に橋の小島の南方に浮島を造って十三重石塔を建立した。この塔には長い銘文はあるが、磨滅によって解読はできない。

この石塔は放生院の十三重石塔とよばれるように、宇治川右岸にある橋寺放生院が管理している。橋寺は前に述べたように、奈良時代の宇治橋断碑が現在建っている寺である。もともと宇治橋にともなってできた橋寺であり、叡尊との関係ができてから放生院ともよばれるようになったのであろう。

塔の島は地盤が弱いせいもあって、しばしば石塔は洪水や地震で倒壊しその度に修造されてきた。とくに宝暦六年（一七五六）九月の洪水で宇治橋とともに流失し、百年あまり石塔のない時代がつづく。宝暦の石塔倒壊のさい、建立時に納入された経箱・経筒・舎利塔などが発見され、

塔の島の十三重石塔
(相輪など一部は後補)

橋寺に保管されている。文久三年(一八六三)に刊行された『宇治川両岸一覧』では、石塔のない塔の島が描かれている。
　現在の石塔は明治二八年(一八九五)に再建に着手、四一年(一九〇八)に完成した(九重めの笠と相輪はそのときの後補)。なお元の相輪は宇治川右岸にある興聖寺の境内に建てられている。興聖寺は道元ゆかりの寺である。

終章　鋳銭司から鳥羽・伏見の戦まで

岡田郷と岡田山

現在の木津川市にあった岡田郷は『和名抄』にはみえない。しかし『三代実録』の貞観七年（八六五）九月二六日の条に「木工寮に勅し銅を山城国相楽郡岡田郷の旧《もと》鋳銭司山に採らす」とあって、正史に岡田郷があらわれている。この記事の「もと鋳銭司山」とはこれから述べる岡田山のことである。

郷名としての岡田のみえる史料は『三代実録』のこの記事だけであるが、岡田の地名は古くに使われていた節がある。

『延喜式』神名帳の山城国相楽郡六座のなかに岡田国神社と岡田鴨神社がみえる。ともに大社である。どちらの神社も木津川の西流個所の左岸にあって現在は木津川市である。合併以前の岡田国神社は木津町、岡田鴨神社は加茂町だった。

岡田国神社の「国」とは二字表記にすると恭仁宮の「恭仁」と同じとみてよい。とすると「国」は一字表記のときの地名とみられ、南山城の南部に岡田国とよばれた地域があったことが示唆される。山城の北部には古く久我国があったことには「洛北・上京・山科の巻」でふれたけれども、岡田国も久我国ほどの広さだったとみられる。

都が藤原京にあった和銅元年（七〇八）九月二二日に、元明天皇は山背国相楽郡の岡田離宮に行幸している（『続日本紀』）。離宮といってもそれ以前からあったのではなく、この時の行幸用に造られた仮宮とみられる。

このとき天皇は〝国司に褒賞をあたえ行宮を造った郡司に禄を賜い、さらに賀茂・久仁の二里の戸（百姓）毎に稲三十束を賜った〟。二里のうちの久仁は恭仁宮がやがて営まれる土地である。

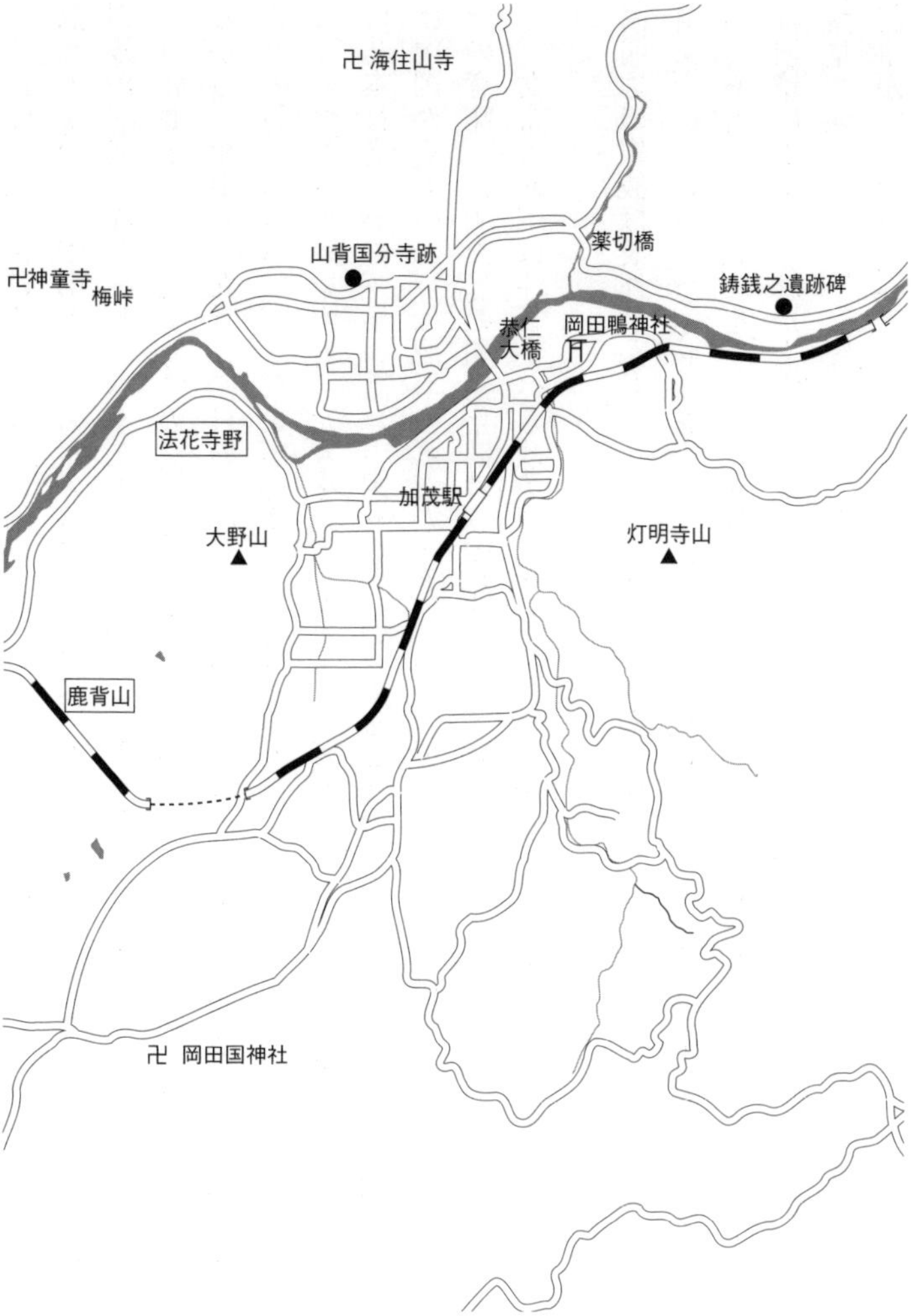

卍 海住山寺
山背国分寺跡
薬切橋
卍神童寺
梅峠
鋳銭之遺跡碑
恭仁
大橋
岡田鴨神社
法花寺野
加茂駅
大野山
灯明寺山
鹿背山
卍 岡田国神社

賀茂と久仁の二里は後に述べるように岡田郷に含まれていたとみられる。

注意してよいことがある。この年の八月一〇日に「始めて銅銭を行う」とある。これは和同開弥の銅銭が鋳造されたことを示す記事で、銀銭はそれより前の五月に鋳造されていた。先に貞観七年の『三代実録』の記事でみたように、岡田郷にはもと鋳《じゅ（ちゅう）》銭《せん》司《じ》のあったことがわかるから、和銅元年九月二二日の元明天皇の岡田離宮への行幸は、和同開弥（銅銭）が新鋳されたことの労をねぎらい、それを実感するためであろう。

ここで一つおさらいをする。元号を制定することと貨幣を発行することは中国の立場でいえば国家の基本行為である。早い話、中国を宗主国とすることの長かった朝鮮半島の諸国には、原則的には中国からその二点は認められなかった。ほとんどの時代には中国の元号と貨幣を使っていた。その意味で元明天皇の和銅年間は、国際的にみて独自の元号と貨幣のどちらも持ちだしたのだから、女帝の元明は注目すべき政治をおこなった。平城京への遷都も、この天皇によっておこなわれた。

和同開弥の銀銭は製作数が多くなく、銅銭の和同開弥が始めて通貨とよべる銭であり、元明天皇が喜んだことには充分意味があった。南山城の鋳銭司は、このような重要な行為をおこなった地なのである。一つメモをすると、元号の和銅には「銅」を用い、和同銭は「同」としている。これは銅鏡によくみられた文字の減筆で、それほどの意味はない。

神護景雲元年（七六七）の一一月と神護景雲二年の三月に、人名は省くが「田原鋳銭長官」の任命記事がでている（『続日本紀』）。

田原鋳銭があった田原については、大和国添上郡の田原とみることが多い。しかし『続日本紀』の二つの記事とも国郡名は記されておらず、ぼくは一考の余地はあるとみている。

田原にふれる前に、銅の採れた岡田山について述べる必要がある。それはこの章の冒頭で述べた貞観七年に〝銅を山城国相楽郡岡田郷の旧鋳銭司山に採らす〟記事の後の出来事とみられるつぎの記事である。

貞観一一年（八六九）七月一〇日に「前の筑後守従五位下の清原真人真貞を山城国岡田山の銅を採る使となす。判官一人と主典一人なり」とある。つまり旧鋳銭司山をここでは岡田山としており、奈良時代後半に廃れていた銅山の採掘が、ようやく再開されようとしたのである（『三代実録』）。

このように南山城の岡田郷（『和名抄』での賀茂郷と大狛郷）には奈良時代（とくに前半か）には銅が採れ、その至近の地に鋳銭司がおかれていたとみられ、田原の鋳銭を大和国添上郡にあるとみる場合も、山城の岡田山の銅を使っていたとみられている。ぼくは距離そのほかの点からみても、鋳銭（司がつくか）のあった田原は山城の綴喜郡の田原の可能性を留保しておいた方がよいと考えている。奈良時代の田原についてては前にふれたが、活気のある土地だったのである。

和銅は自然銅

ところで古代の銅山について、これもおさらいをしておく必要がある。七〇八年に武蔵国秩父郡で和銅が採れ、そのことを祝して元号の慶雲を改めて和銅にしたことは名高い。ところがどうして「和銅」と「銅」の前に「和」をつけたのであろう。このときの長文の詔の一部に「（天皇が）聞こしめす食国《おちくに》のなかの東方武蔵国に自然に成れる和銅出でたりと奏して献る」とある（『続日本紀』）。

このように和銅元年正月の詔があざやかに述べているように、この時の銅は銅鉱石を採掘して製錬をして得た銅塊ではなく、〝自然に成れる和銅〟つまり今日いう自然銅なのである。よくあるのは、地上の自然銅を採りつくしてから地下の銅鉱石の採掘となるのである。

銅鉱石の埋蔵地の表面は、長年の風雨によって余分のところが風化でなくなり、純銅に近い成分の銅塊が露出しているという。小は小指ぐらいの塊から、大きなものは家一軒ほどの大塊あるいは樹根のひろがりのような塊まであり、『続日本紀』の武蔵国秩父郡での和銅発見の記事は、ずばり自然銅の大塊の発見をいっているのである。

銅の歴史に詳しい久野雄一郎氏（故人）によると、弥生時代の銅鐸のなかに自然銅を材料としたものがあるという（大阪府羽曳野市西浦出土銅鐸）。そういえば日本列島での銅鐸の出土数の多い出雲、播磨、近江、紀伊、阿波などには歴史上名高い銅山があったり、近年まで採掘をつづけている銅山があって、昔は自然銅が採れたとみられる。

埼玉県秩父市の黒谷の和銅沢（昔は銅洗谷）の近くに、一個の自然銅の塊をご神体とする聖《ひじり》神社があり、ぼくも一度調べさせてもらったことがある。興味深いのはこの地は高麗人の多い高麗《こま》郡（霊亀二年（七一六）の建都）に近く、和銅の発見には高麗人が関与していた可能性が強い。南山城でもすでに述べたように岡田郷は『和名抄』での大狛郷を含んでいたとみられ、この地も高麗人の集住地域だった。このように南山城の岡田山の銅山開発にも高麗人が関与していた可能性が強い。

岡田郷は岡田村ともよばれた。古代の行政区分では時代によって変化はあるものの郷と里が使われた。それにもかかわらず紫香楽宮《しがらきのみや》（近江）の前身の紫香楽村、長岡京の長岡村、平安京の創始にさいしてあらわれる宇太村など重要な土地については、村がよく使われている。村の重要性については今までにも何度かふれた。

岡田郷は岡田国ともよばれることがあるから、岡田村があることは不思議ではない。岡田村の表記は天平宝字六年（七六二）八月一〇日の「米売価銭用帳」（正倉院文書）の冒頭の条に、「岡田村夫王広嶋并妻丹比須弖刀自」がみえる。妻が丹比氏であることは、丹比が河内の鋳物師の多い土地であることを思いださせる。「造石山寺所牒案」にも「岡田鋳銭師王公」とか「岡田鋳物師王広嶋」と記されていることを栄原《さかえばら》永遠男《とわお》氏が『日本古代銭貨流通史の研究』で述べている。それからみると天平宝字六年の文書にある「岡田村夫王広嶋」の「夫」とは鋳銭師の「師」のこととみられる。

以上によって岡田郷（村）に王氏がいて、鋳銭に従事していたことが知られる。『新撰姓氏録』の「左京諸蕃」の項に「王　高麗人従五位下王仲文（法名東楼）之後なり」とあって、高麗人だったことが知られる。

王氏一族は鋳銭の技術を生かして悪事を働いたことがある。神護景雲元年（七六七）一一月、「私鋳銭の人王清麻呂ら四十人に姓を鋳銭部と賜い、出羽国に流す」とある（『続日本紀』）。

和同開珎についても、私鋳銭作りが盛んで政府を悩ませた。早くも和銅四年（七一一）には私鋳をおこなった者への罰を重くし、〃主犯は斬、従者は没官（奴婢にすること）、家口は皆流にし、五保（隣組に似た組織）で知りながら官に告げなかった場合も同罪〟とした（『続日本紀』）。それでも私鋳をおこなう者は絶えなかった。

岡田郷（村）にいたとみられる王氏一族の四〇人が私鋳銭作りに関与していたのである。出羽国に流された王氏の四〇人が鋳銭部の姓にされたことからみて、全員が鋳銭の技術者だったのであろう。

天平宝字四年（七六〇）三月に新銭発行の勅をだしている。勅のなかで「このころ私鋳稍（だんだん）多くして偽り濫《みだ》ることすでに半ばす」と述べ、新銭の万年通宝が発行され「一をもって旧銭十に当て」ている。旧銭とは和同開珎のことだから、岡田郷の王氏一族が新銭の密造をやりだした背景がわかる。おそらく王氏は和同開珎の私鋳もおこなっていたのであろう。

都が藤原京にあった持統天皇の八年（六九四）三月に、大宅《おおやけ》朝臣麻呂、臺《うてな》忌寸八嶋、黄《き》書《ふみ》　連《のむらじ》本実《ほんじち》らを鋳銭司に任じた（『日本書紀』）。

鋳銭司と銅山

このうち黄書氏は南山城の久世（城陽市）を本拠とした高麗系の氏族で、大宅氏は山城の宇治郡内を本拠とした皇別の和邇氏に属している。

臺氏は『新撰姓氏録』の「右京諸蕃」と「摂津諸蕃」に「河内忌寸同祖」で「漢孝献帝男白龍王の後」とあるように、中国系の渡来人である。河内忌寸が青銅器の製作にあたったとみられることについては、『古代史おさらい帳』の「隅田《すだ》八幡宮の癸未年銘の人物画像鏡」の項でふれた。

このように持統八年の鋳銭司は、中国系と高麗系の渡来人と皇別の大宅氏によって構成されていた。この人たちは鋳物師ではないと推定され、すぐに鋳銭に着手したのではなく、貨幣発行に備えての準備、今日流にいえば勉強会を始めたのだとぼくはみている。

八世紀と九世紀の史料で鋳銭司が置かれたことのわかるのは、山城・河内・長門・周防であった。近江でも和銅の銅銭を造っていたとみられる史料はある。先に述べた田原鋳銭が大和でよいなら、大和にもあったことになる。これらの国のうち考古学的に鋳銭関係の遺跡が知られているのは山城（背）・長門・周防である。

この三国のうち銅山と至近の地にあるのは山城であり、長門と周防は至近の地ではないが銅山はある。

長門は最初のころ（天平二年）は周防国熊毛郡牛嶋や吉敷郡の達理山の銅が使われていた（『続日本紀』）。しばらくして長門でも長登に銅山があることが知られ、大規模な開発がおこなわれた。長登遺跡からは銅滓にくわえ、奈良時代の木簡や土器が多数出土している。地名の「ナガノボリ」は東大寺の大仏鋳造用の銅を送ったことにちなんだ「ナラノボリ」だとみられている。なお長登銅山は最近まで操業がつづけられた。

山背の鋳銭司

木津川市の木津川右岸に「銭《ぜ(で)》司《す(ず)》」という地名があって（一五四・二二八頁地図参照）、バス停の北側に「鋳銭之遺跡」の石碑がある。合併以前は加茂町だった。

この地は先にあげたように、貞観七年（八六五）九月には「岡田郷の旧鋳銭司山」として『三代実録』にあげられていて、九世紀後半にはここでの鋳銭はおこなわれていなかったのである。同じ年の一一月にも「勅して山城国相楽郡旧鋳銭司地廿余町を採銅の地となす」の記事はあるが、この記事でも鋳銭活動はおこなわれておらず、銅山を復活しようとしたのである。この銅山は貞観九年六月には源朝臣 信《まこと》が引きついだとも記されている。

このように『三代実録』に関係史料は散見するが、いずれも「もとの鋳銭司」あるいは銅山の再開についての史料にすぎない。

山背の鋳銭司の遺跡は、梅原末治氏が大正一二年刊行の『京都府史跡勝地調査会報告』第四冊に「銭司ノ遺跡」の一文を掲載された。この文の最後に「其ノ存続ハ天平ノ十三、四年ヨリ此ノ時ニ至ル四十余年ニ亘ルベク、貨銭ハ和銅銭ノ晩鋳ヨリ、万年、神功《じんごう》両銭鋳造ノ時代ニ相当ルナリ」と結論づけている。文中の「此ノ時」とは桓武天皇即位の直後に鋳銭司の廃止があったことを指している。

「鋳銭之遺跡」の石碑

梅原氏が九世紀での操業を考えなかったのはさすがと思う。しかしぼくの考えは違う。ぼくは元明天皇の岡田離宮への行幸のあった和銅元年（七〇八）ごろを山背鋳銭司の操業の始まりとみている。技術者として多数の王氏が関係していたけれども、神護景雲元年（七六七）に四〇人が私鋳銭の製作に関与して処罰された。これによって山背の鋳銭司は廃止の方向をたどるとみている。

山背の鋳銭司の解体はそれだけではとどまらず、岡田郷という地名も正式の行政区分では使われずに『和名抄』では賀茂郷と大狛郷になった。とはいえ地元では慣用され、先にみたように岡田村が使われていたのである。なお岡田銅山は中世や近世に操業された気配はなく、史料にでている割には銅鉱石の埋蔵量は少なかったのであろう。

甕原離宮から恭仁京へ

元明天皇は、和同開珎の銅銭の鋳造直後の和銅元年九月に岡田離宮へ行幸し、国司や郡司を犒《ねぎら》い、土地の住民たちにも稲三〇束を賜ったことには前にふれた。この離宮は「行宮」と当時の史料が書いているように、急ごしらえの仮宮だったのである。

元明は和銅六年六月に甕原《みかのはら》離宮に行幸し、四日間滞在している。このあとも元明は甕原離宮へ三回も行幸している。注目されるのは聖武天皇は七回も甕原離宮に行幸しており、そこが恭仁宮（京）造営の前段階となったのである。甕原離宮は仮宮ではなく、離宮としての体裁は具えていたとみられる。

研究者のなかには岡田離宮と甕原離宮を同じとみている場合もあるが地名からみても別の離宮とみられる。ミカノ原は銭司の西方二・六キロにある。

『万葉集』では、右馬頭の境部宿禰老麿が「山背の久邇の都」を長歌（三九〇七）と短歌（三九〇八）で詠《よ》んでいる。その前詞は「三香原《みかのはら》の新都を讃《ほ》むる歌一首、短歌を并せたり」とあるように新都の讃歌である。

この歌は聖武天皇が恭仁宮へ移った翌年の「天平一三年二日」の歌とも記されている。その当時、人びとはまだ新都の恭仁京を三香原（甕原）の新都とよび、恭仁京が甕原離宮から連続したとみていたことがあらわれている。

甕原は木津川右（北）岸にひろがる原で、三香原、三日原、御鹿原とも書き、今日では瓶原の表記が使われている。『枕草子』では一六段の「原は」の冒頭に「みかの原」をあげている。

ぼくは子供のころに「ミカノハラ」を父からよく聞かされた。図案家だった父は満州国ができるとき（昭和七年）、皇帝旗の製作を引きうけた。そのため東洋史の学者だった内藤湖南（虎次郎）先生のお宅へ知恵をさずかりに行った。そのお宅が瓶原にあったのである。

父はこの時、内藤先生の揮毫をいただき額にした。今もぼくの書斎にかけてある。額の最後に「森先生雅鑒　虎」とあるのは父のことである。鑒は鑑の異体字である。内藤先生がいつ頃から瓶原に住まれたのかとか、どうして瓶原を選ばれたかとかはまだ調べていない。昭和七年は先生の死の二年前、ぼくは四歳だった。

話を戻す。聖武天皇の治世の天平一二年（七四〇）九月に大宰少弐の藤原広嗣が筑紫で挙兵した。広嗣は参議の任にあった藤原宇合《うまかい》の長男であったため、朝廷は動揺した。

聖武天皇は乱を避け、騎兵に守られながら伊勢から美濃と近江をまわり、最後に落ちついたのが恭仁宮で、ここを京都《みやこ》とすることになった。これが恭仁宮の初出だが、それは以前からあった甕原離宮を利用して宮とよんだとみられる。

というのは恭仁宮の名が使われるようになってからも、なお『続日本紀』では甕原宮の名が併用され、それが廃都となる天平一四年までつづいている。恭仁宮は新たに造営したというより、甕原離宮（宮）に手を加えて模様替えをしていったのである。

天平一三年の正月、聖武天皇は恭仁宮に留まっていた。この宮で朝賀をうけることになったが「宮垣いまだ就《な》らず遶《めぐ》らすに帷帳《きちょう》をもってす」の有様だった。このとき内裏や大極殿は甕原離宮の建物で代用したとみられる。建物はまだ完全には整備されていなかったが、二月には諸国に国分寺建立の詔を恭仁宮でだした。国分寺には僧寺と尼寺が置かれた。そのあと「平城京の兵器を甕原宮に運ばせた」。ここでは恭仁宮とすべきところを旧名を使って書いている。八月には平城京の東市と西市を「恭仁京」へ遷し始め、京の体裁を整えようとした。

九月には左京と右京の百姓の調と租を免じ、畿内の田租も免じている。「遷都に縁りてなり」とある。この史料によってこの頃には恭仁京には左京と右京の呼称ができていることがわかる。左京には内裏や大極殿がありのちの賀茂郷、右京は大狛郷だったとみられる。右京には前に述べた高麗寺や泉橋寺それに木津川に架かる泉大橋があった。

このように左京が政治の地であるのにたいして、右京は寺の多い信仰の地さらに山背とヤマトとを結ぶ交通の要衝という特色があった。

このように天平一三年は恭仁宮での政治が軌道にのった。その年の一一月二一日に右大臣の橘宿禰諸兄《もろえ》がつぎのように奏上している。橘氏の本拠は南山城の井手にあることは前に述べたし、皇族の三野王の子の諸兄のときから橘氏をなのるようになった。

「この間、朝廷は何の名号をもってか万代に伝えん」。つまり恭仁宮の正式名をつくることを諸兄は提案した。天皇はその問に答えて「大養徳恭仁大宮となさん」。

「大養徳《やまと》」は天平九年一二月にそれまでの「大倭国」の表記を改めたのである。だから「大和」の表記ができる前のヤマトの表記である。ここでは二つのことが考えられる。一つは南山城をヤマトの国（のちの大和）の範囲に含めようとする意図があった（具体的にそれにみあう政策はなかった）。もう一つは日本全体の都とみたということである。ぼくは後者ではないかとみる。

前に述べたように「久仁」「久邇」「恭仁」と、二字表記になる前の一字表記は「国」だったと推測した。ということは「大養徳恭仁大宮」とは「ヤマトの国の大宮（都）」とみれないかと考える。

ヤマトについての古い表記の倭や大倭には、奈良盆地南東部の狭義のヤマトを指す場合と、ヤマト朝廷支配下の日本列島の全域を指す場合があって、この宮名は聖武天皇の考えに沿う壮大な国家統治の理想ともからんでいるようにぼくはみる。

恭仁宮雑感

聖武天皇が一時平城京から都を遷した恭仁宮は、新たに造営したというより、元明天皇以来の甕原《みかのはら》離宮を継承し、都にしてから内裏や大極殿を建てた。だから都にしてからも人々は甕原（三香原）宮とよんでいた。

恭仁宮は都城としてみると変則的で、平面形は東西に長細く、さらにほぼ中央に木津川が西流していて都が両断されている。また木津川の北岸地域もすぐ山が北からせまり居住に使える平坦地は狭い。木津川の南岸地域も南から延びる山によって平坦地は狭い。

このように恭仁宮には平坦地がごくわずかであり、この点は藤原京、平城京、長岡京、平安京と異なっている。それに宮域が木津川によって分断されていて、天平一三年に行基が泉大橋を架

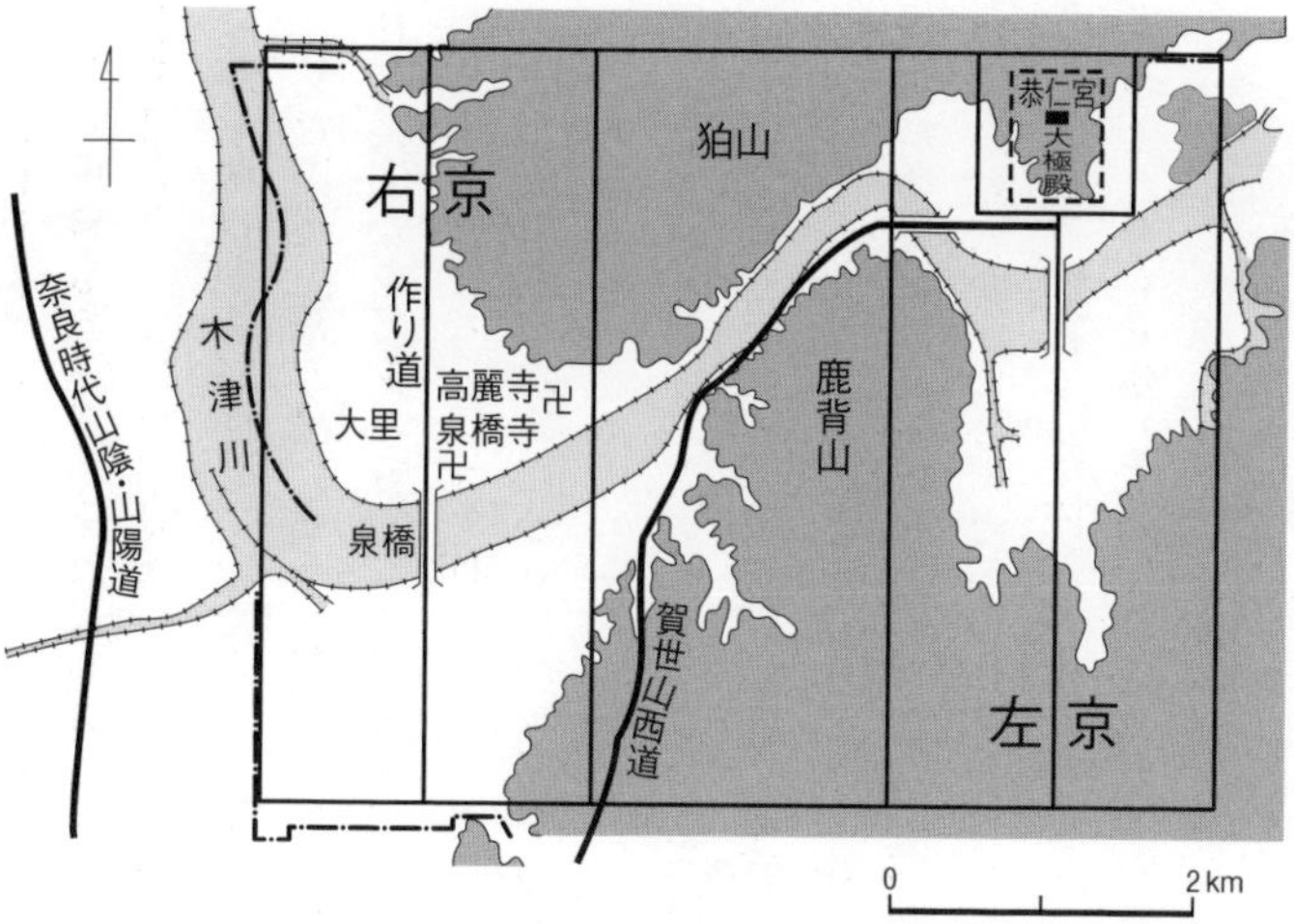

恭仁宮と京の想定図
（足利健亮氏の『景観から歴史を読む』を簡略化し作図・大里を加えた）

けるまで仮橋や渡船によって連絡していたのであり、一つの宮とはいえきわめて不便だった。先にあげた境部老麿の長歌にも、泉河の上流には打橋が、水の澱んだ瀬には浮橋があって、それで通って宮仕えしたことが詠《うた》われている。それに泉大橋も宮域の中央にあるのではなく西端に近い個所に架かっていた。

これまでの説明で気づいたと思うけれども、恭仁宮はそのころの都城のように、中央に南北の大路があって宮の南端に朱雀門、京の南端に羅城門が聳えたという気配はない。

木津川南岸の範囲の中央よりやや西よりに賀世山西道があって、天平一三年九月一二日に京都《みやこ》（恭仁宮）に左京と右京を置いたときこの道を基準にしている（『続日本紀』）。とはいえ賀世山西道も南北の直線道路ではなく山裾にそった古くからの道と推定される。

以上述べたように、恭仁宮は聖武天皇によって新たに造営された京ではなく、甕原離宮を母体にした短期間の京都（都）だった。「恭仁京」とした史料もあるが、それは京にしようとする抱負がこめられたときに使われている。東市と西市を遷そうとしたが、実際にどの程度実現したのか不明である。何よりも、八省の官吏のどの程度が平城京から移住していたか、も不明である。この点『万葉集』に恭仁宮を讃める歌を九首のこした田辺史福万呂（巻六）や、先に例にあげた境部宿禰老麿は、いち早く平城京から恭仁へ移住した人たちであろう。二人は聖武の政策の賛同者だったことがこれらの歌によくでている。恭仁宮の最後となる天平一四年の正月も、聖武天皇は恭仁宮で朝賀をうけた。ところが「大極殿はいまだ成らざるためにかりに四阿殿《あずまでん》を造ってここで朝を受けた」。四阿殿は柱だけの壁のない建物である。

「北野・紫野・洛中の巻」で平安京を説明する前提として、宣化天皇の檜隈廬入野宮《ひのくまのいほりのみや》、継体天皇の樟葉宮や筒城宮、天智天皇の大津宮などが渡来人の群住地に置かれたことを指摘し、その延長上に平安京があることを述べた。この視点で恭仁宮をみると、宮域の西半分（右京）がのちに大狛郷とよばれ高麗寺があることなど高麗人の群住地であり、左京の東方の岡田村（郷）にも多数の高麗人がいたことは前に述べた。

このように宮（京）内に渡来系の人たちが多くいるという点は平城京では乏しく、聖武天皇はそのことをも考慮して恭仁宮にこだわったのではないかとみられる。

いずれにしても恭仁宮は短期間の都で、聖武天皇は天平一四年には恭仁宮左京から山越で和束をこしたところにある近江の紫香楽《しがらき》村に宮を営んだ。これが紫香楽宮となる。天平一五年の一二月には紫香楽宮の造営のために〝恭仁宮の造作が停められた〟。とはいえ平城京がこの時代を通しての正式の都で副都が難波宮であったことには変わりはなかった。

恭仁宮から山背国分寺へ

聖武天皇は天平一五年の正月に、恭仁宮の大極殿で百官から朝賀をうけた。このころには大極殿が完成していたようである。だがその年の一二月に恭仁宮の造作は停められた。しかし聖武天皇はまだ未練をもち、天平一六年の正月に百官を朝堂（紫香楽宮か）に集め、恭仁と難波の二京のどちらを都にするかを問うている。

その結果、恭仁京の便宜を陳べた者は五位以上二四人、六位以下は一五七人、難波京のほうが便宜といった者は五位以上二三人、六位以下は一三〇人で半ば強の役人は恭仁京を支持した。

聖武天皇は、巨勢奈弖麻呂《こせなてまろ》と藤原仲麻呂を遣わし、市人にどの都がよいかを問わしている。〝市人はみな恭仁京を都となさんことを願い、難波京を願う者は一人、平城京を願う者も一人〟だった。

このように恭仁京の人気はよいのだが廃止の方向が固まり、天平一六年二月には〝恭仁宮の高御座と儀式に使う大楯を難波宮に運び、また使を遣わして水路を取って（恭仁宮の）兵庫の器杖を運漕せしむ〟とある。これは木津川と淀川を使って高御座や武器を難波宮へ運んだということであろう。

天平一七年五月には造営輔の秦公嶋麻呂を遣わして恭仁宮を掃除させた。秦公嶋麻呂が恭仁京に大宮垣を築いたことについては「北野・紫野・洛中の巻」でふれた。その直後に天皇は恭仁宮に遷っている。このとき天皇の乗った車駕が恭仁京の泉橋にさしかかると、百姓たちが一斉に万

山背国分寺跡にのこる礎石

歳といったという。地元の百姓は恭仁宮を都としてのこすことを望んでいたのであろう。だが、間もなく恭仁京の市人を平城に徙《うつ》し、廃都の方向が明確になってきた。

天平一八年八月には「恭仁宮の大極殿を国分寺に施入す」とある。この国分寺とは山背国分寺のことである。これによって恭仁宮は完全に消失した。

木津川市の元の加茂町の例幣にある恭仁小学校の北に見事な基壇がのこっている。ここが恭仁宮の大極殿跡である。この大極殿が天平一八年に施入され山背国分寺の金堂となった。金堂にするにさいし、瓦積基壇に模様替えされたから大極殿跡であるとともに、山背国分寺の金堂跡でもある。

基壇の規模は東西五三メートル、南北二八メートルだから、東西九間、南北四間の堂々とした建物だったと推定される。この建物は天平一五年一二月に「平城の大極殿と歩廊を壊して恭仁宮に遷し送ること、ここに四年にしてその功纔《わず》かに畢《おわ》る」と『続日本紀』が述べるように、天平一三年ごろから移築工事は継続してほぼ終わったのである。

おそらく聖武天皇は天平一三年三月に諸国の国分寺の建立を発表して間もなく、山背国分寺は恭仁宮の中心部分を充《あ》てる考えが浮かんでいたのであろう。この建物はすでに無くなっているが、奈良市の唐招提寺の講堂は平城京の朝集殿を移築したものだから、山背国分寺の講堂を偲ぶのに役立つ。

金堂跡の南東約一〇〇メートルに塔跡の基壇がある。この基壇は一辺が約一〇メートルあってもと五重か七重の塔が建っていたのであろう。

難解な史料が一つある。天平一五年の一月一五日に〝金光明最勝王経を各地で転読させている〟。それとは「別に大養徳国金光明寺において殊勝の会を設け奉りて天下の模となさんと欲す」とある。

この「大養徳国金光明寺」について二つの見方がある。一つは東大寺の前身となった金鐘寺《きんしょうじ》(金鷲寺)とみる説で、この説での大養徳国とはのちの大和国とみる。

それにたいして先にあげたように、聖武天皇は恭仁宮の正式名を「大養徳恭仁大宮」としようとした(天平一三年一一月二一日の条)。ここでの大養徳の使い方を重視すると、どこかにあった山背国の国分寺となる。この説は平凡社の「日本歴史地名大系」の『京都府の地名』の「国分寺跡」の項でみられる。ぼくも後者ではないかとおもう。ただしこの場合の山背国分寺は恭仁宮跡の国分寺ではなく、相楽郡のどこかにあったのであろう。

山背国分寺は金堂に恭仁宮の大極殿を転用し、新たに五重か七重の大塔を聳えだした。だがこの寺が平安時代以降に山城の仏教や文化のうえで大きな役割を果たした形跡はない。それとその寺にあった仏像や経典も今日までは伝えられていない。空しいことだが民衆にとっては無用の箱物だったのであろう。

終章もほぼ最後に近づいた。今、朝の四時すぎ、書斎の全面にひろがる東福寺境内の木々も白みかけてきた。今日はいつもより早く目が覚めた。いよいよ文明一七年（一四八五）一二月におこった山城の国一揆のことを書くので、気が高ぶっているのであろう。これは一七八九年（日本では寛政元年）のフランス革命より三〇〇年ほど前の革命であった。

南山城の国人一揆

民衆が強く団結したこの行動は、山城のなかでも綴喜、久世、相楽の三郡でおこった。それと団結したのは国人《こくじん》（在地領主、土豪）、地侍、百姓、（土民ともよばれるがよい言葉ではない）の結集した組織だった。だから丁寧にいえば「南山城の国人一揆」なのである（この場合の国人は土豪だけでなく、「人々」のつもりで僕は使う）。

南山城は一人の守護大名や一人の戦国大名によって支配されなかった稀有の土地である。それだけではなく、近江の延暦寺や園城寺、大和の東大寺や興福寺、伯耆の大山寺《だいせんじ》のように、多数の僧兵をかかえ時には強暴な圧力となるような行動をした大寺を生みださなかった。

もう一つ誇れるのは、ほぼ同じころにおこった加賀の一向一揆や、ややおくれての山城の法華一揆が、それぞれ一向宗（のちの真宗）や法華宗（日蓮宗）というような特定の宗派の信徒による一揆であった。そのため強烈な排他主義に走りがちだったのにたいして、宗教色をもたなかったことも清々しい。

もう一つ見逃せないのはこの一揆に参加したのは上は六〇歳、下は一五、六歳の人たち、つまり働き盛りの男だった。当時の一五、六歳は元服がすみ一人前の大人として扱われた。

一六世紀後半に日本に滞在し、的確な目で日本人と日本文化を観察したポルトガル人の宣教師ルイス・フロイスは『日欧文化比較』のなかで次のように述べている。

「ヨーロッパの子供は青年になってもなお使者となることはできない。日本の子供は十歳でも、それをはたす判断と思慮において、五十歳にも見られる」と書いている。

現代では二〇歳にならないものを未成人として、凶悪事件をおこした犯人をもかばう風潮がある。ぼくは日本の伝統として、少年にも責任を自覚させることは大切だと感じている。

このときの一揆に参加するということは、侵入してきた武士と対決することであって、生命を賭ける覚悟のもと参加していたことはいうまでもない。

元禄一五年（一七〇二）に吉良義央の邸に押し入って主君の敵の義央を討ちとった赤穂義士の一人に一五歳の大石主税《ちから》がいた。主税もその行動の責任をとって切腹したが、フロイス流にいえば成人として行動したのである。

南山城の国人一揆がおこる直前には、応仁・文明の乱後の混乱が続いていた。とくに南山城は畠山政長の軍勢と畠山義就の軍勢が一族争いの戦場として居座りつづけていた。

畠山氏は畠山重忠以来の武家の名門で、室町幕府の要職をつとめ、河内や能登を勢力の基盤としていた。ところが一族の内紛がおこってからは河内や大和の武士をも巻きこみ、南山城の人びとに甚大な迷惑をおよぼした。

ついに南山城の国人たちは一致団結して集会をひらき、両畠山軍が南山城から撤退することを毅然として要求した。それが実現したのが文明一七年一二月である。

このような要求を一つや二つの村でおこなったとすると、即刻その村が焼き払われ人びとは殺されるが、このときは南山城が一致団結したため他国からの侵入武士たちも従わざるをえなかったのである。

この団結の核となった国人を「国中三十六衆」とも「国衆三十八人」とも記録されている。それらの国人のなかでもとくに目立ったのが、狛・木津・田辺・井手・槙島・宇治大路などの氏である。このうち宇治大路氏は宇治の五ケ庄に基盤をおいた伊勢出自の土豪である。

両畠山軍が南山城から撤退したあとの文明一八年（一四八六）二月に、国人たちは宇治の平等院で会合をもち、自治のための月行事をおくなど「国中掟法」を制定した。明治から昭和初期の法制史学者の三浦周行《ひろゆき》は、いみじくも「戦国時代の国民議会」といいあらわし、論文を書いた。明治四五年（一九一二）のことであった（一九二二年に『日本史の研究』第一輯、上として刊行された）。

明治四五年といえば、中国で最後の帝政国家となった清国を孫文らが倒し、中華民国が誕生した辛亥《しんがい》革命の翌年であり、このことも三浦をして南山城の国人一揆に注目させたのであろう。

それにしても国人たちがどうして会合の場所を宇治の平等院にしたのだろう。さまざまの理由はあったとおもうが、宇治の地は昔のことだが、新しい応神（中）王朝の誕生するうえでの最後の戦場となった地である。このことがどれほど意識されていたかはわからないが、宇治とはそのような記念すべき土地である。

南山城の国人たちが宇治の平等院で会合をもった文明一八年九月には、乙訓など西山城でおこった土一揆勢が東寺境内を拠点とし、あろうことか金堂、講堂、鐘楼など多くの建物に火を放って焼いてしまった。これは暴挙でもあり、愚挙でもあった。おそらくこの一揆は、一部の跳上りを抑えられるような組織ではなかったのであろう。やはり南山城の国人たちの行動は見事といってよかろう。

狛野荘と狛守秀

狛野荘とも駒野ともよばれたのは古代の大狛郷である。椿井大塚山古墳や高麗寺跡のある元の山城町、今の木津川市内にある。『枕草子』一六九段の「野は」の項に「駒野」がある。これは狛野のことであろう。中世になると木津川右岸の狛野が上狛となり左岸に下狛ができた。

上狛に大里という集落がある。中世以来の環濠集落として地理学では名高い。ここに狛氏の狛城ともよばれた居館跡もある。おそらく戦国期の狛氏は古代の狛（高麗）氏の流れをうけついだ氏で、南山城の国人一揆で大きな役割を果したのが狛守秀である。

平時に利用したのが大里集落内の居館であるのにたいし、東へ約三キロの山中に高之林城《たかのはやしじょう》といった山城がある。

この山城は戦時に人々が籠る逃げ城であり、眼下に狛野荘を見下ろすことができる。このように平時の居館にたいし戦時の逃げ城として山城をもつことは、弥生時代以来よく見られる形態で、戦国時代にも普通におこなわれていた。

京田辺市にある同志社大学田辺キャンパスの丘陵の南斜面にもいくつかの小さな山城があって、

一部を発掘し保存しておいた。これなども小規模とはいえ戦国期の緊張状態をよく伝えている。

狛野に話を戻す。一四世紀の初めに遠江国で選定された『夫木和歌抄』に、狛野を詠んだ歌がのっている。この和歌は狛野の歴史的な特色をずばりと歌いこんでいる。

大和とも　からとも見えず　山城の　狛野に咲ける　なでしこの花（権僧正頼信）

この場合の大和は今日の奈良県だけを指すのではなく日本のこと、「から」とは唐であり韓でもあり異国のこと、渡来人狛《こま》氏の末裔の居住する狛野の雰囲気を見事にとらえている。このような渡来人の末裔が、南山城の国人一揆で果たした役割も注目してよいが、今は指摘するにとどめおく。

鳥羽と鳥羽離宮

鳥羽は古くから開けた京都市南郊の土地である。上鳥羽の鴨田には縄文時代後期の上鳥羽遺跡があって、石鏃や磨製石斧のほか土地柄を示すように石錘が出土している。石錘は網につけ鴨川や巨椋湖での漁労に使ったのであろう。この地は淀川水運の終点に近く、古代から鉄道が通るまでの近代におよんで水運が盛んだった。

鳥羽には後に述べるように平安時代後期の鳥羽殿（離宮）の跡がある。この遺跡の下層には、弥生時代前期や中期、さらに古墳時代後期の遺構が検出され、鳥羽遺跡とよばれている。

鳥羽は北にある上鳥羽と南にある下鳥羽とからなり、上鳥羽は紀伊郡に属し、『和名抄』では鳥羽郷があった。現在は京都市南区にある。『今昔物語集』の巻第三一にでている〝大きな橋のあった鳥羽ノ村〟も上鳥羽のことであろう。上鳥羽の西方は桂川の下流に近く大きな橋が架かっていた時もあったのである。

下鳥羽も鳥羽郷に含まれていたが、現在は伏見区に属している。鳥羽離宮跡やすぐ後に述べる城南宮も伏見区にある。時代によって異なるが、淀川水運の終点の鳥羽津（草津）はこの付近にあって、舟から下ろした荷はあとこの地の馬借や車借が京へ運んだ。なお鳥羽離宮跡の東半分がかかる竹田は、上鳥羽と下鳥羽のほぼ中間のやや東寄りにある。

平安京の南の入口の羅城門より、鳥羽に向って延びる南北一直線の道がある。鳥羽の作り道である。文字通り人工的にこしらえた道で、鳥羽離宮の造営にともなって造られたとする見方もあるが、そうではなく平安京造営時とみるのが有力である。平安京より前に作ったという見方もある。この南下する道は鴨川につきあたるあたりから方向を南西にとり、鴨川の堤を通って桂川との合流点に向っているが、その個所での様子はまだ不明である。

兼好の『徒然草』第一三二段に「鳥羽の作道は、鳥羽殿建てられて後の号《な》にはあらず。昔よりの名なり（後は省く）。」と明快に述べている。このように下鳥羽の東方にある伏見とともに、鳥羽は京都にとっては港（津）の役割を果してきたのである。鳥羽を大きく分類すると港町の性格があったとみてよかろう。

城南宮と真幡寸神社

城《じょうなんぐう》南宮は上鳥羽と下鳥羽のほぼ中間の伏見区中島鳥羽離宮町にある。境内が広く曲水の宴などさまざまの行事がおこなわれている。

城南宮は『延喜式』の神名帳にはでていない。しかし本殿の東に摂社として祠《まつ》られている真幡《まはた》寸《き》神社は、神名帳の紀伊郡八座のなかに二座として「真幡寸神社」がある。

鳥羽離宮跡とその周辺

城南宮は明治一〇年（一八七七）に真幡寸神社と改められたが、昭和二七年（一九五二）に再び元の名に戻り、今日では城南宮として親しまれている。真幡寸神社については、この地に勢力を及ぼしていた秦氏の社とみる説もあるが、今後の研究にまたれる。真幡寸里は城南宮の西方、鴨川の右岸にあった。

城南宮は大きな社のわりには創建期のことはよく分からない。社名につく「城」とは平安京のことをいったとみられ、平安京の南に位置していて、平安京を鎮護するために祠《まつ》られだしたのであろう。

今日では方除《かたたがえ》の神として知られ、ぼくの知人が家を新築するとき城南宮で呪符を求め床下に埋めたといっている。この呪符のことは神社で確かめたが要領をえられなかった。

ぼくは城南宮にでかけると楽しみが一つある。城南宮とは京阪国道をへだてて「おせき餅」を商う店がある。江戸時代に「せき女」という娘が考案したと伝える編笠形の餅で、昭和の古文書学者の中村直勝氏も『新・京の魅力』のなかでこの餅のことにふれている。

江戸時代の城南祭は俗に餅祭ともいわれ、餅をたらふく食べたという。蕪村の句に〝腹あしき僧も餅食へ城南神〟とあるのは餅祭の一端をよく伝えている。この餅と「おせき餅」がどのような関係があるのか、これもメモとして書いておく。

鳥羽離宮と三人の天皇の陵

一一世紀の後半、備前守の藤原季綱が営んだ山荘を、備前守に重任されるために白河天皇に献上したのは応徳二年（一〇八五）だった。やがて大規模な離宮に改造されたのが鳥羽離宮である。

応徳三年（一〇八六）に天皇を退位した白河上皇は、鳥羽離宮の造営を大規模に始めた。そのころ鳥羽とその周辺には公家らの山荘があって、その近くに公家の近習、卿相《けいしょう》、侍臣、地下雑人らの家もできて〝まるで都遷りのようだった〟という（『扶桑略記』）。

この離宮には〝池の広さが南北八町、東西六町、水深八尺あまり、（池のなかに）蓬山（蓬莱山）を写した島〟があったという。

この池は離宮の中央の南寄りにあったと推定される。嵯峨天皇が営んだ嵯峨山荘の庭園の池として掘られた大沢池が南北約一六〇メートル、東西約二〇〇メートルであるのと比べると、鳥羽離宮の池の広大さがわかる。

ここで注意してよいことは、この池の南部が巨椋湖の北岸とさほどはへだたってはいないということである。おそらく水路によって鳥羽離宮の苑池と巨椋湖とは通じていたとみられる。こと

鳥羽上皇の安楽寿院陵（元は三重塔だった。明治30年５月21日描く『御陵墓特写帖』）

によると巨椋湖の北方にひろがる低湿地を苑池に利用したのであろう。

　鳥羽離宮は白河上皇、鳥羽天皇によって主として使われた。この二人の天皇のうち鳥羽天皇の前と後に堀河天皇と崇徳天皇の時代がある。しかし堀河天皇の在位中は白河上皇の治世がつづき、崇徳天皇と近衛天皇の時代も鳥羽上皇の治世下だったから、鳥羽離宮は主に白河上皇と鳥羽上皇が利用をつづけたとみることができる。

陵邑としての鳥羽離宮

　中国の都市の種類に陵《りょう》邑《ゆう》がある。邑《ゆう》とは日本の古典でもその傾向はあるけれどもマチあるいは都市のことである。計画的にできた都市といってもよい。邑は今日の発音では「ムラ」とされているけれども、たんなる農村を指すのではない。

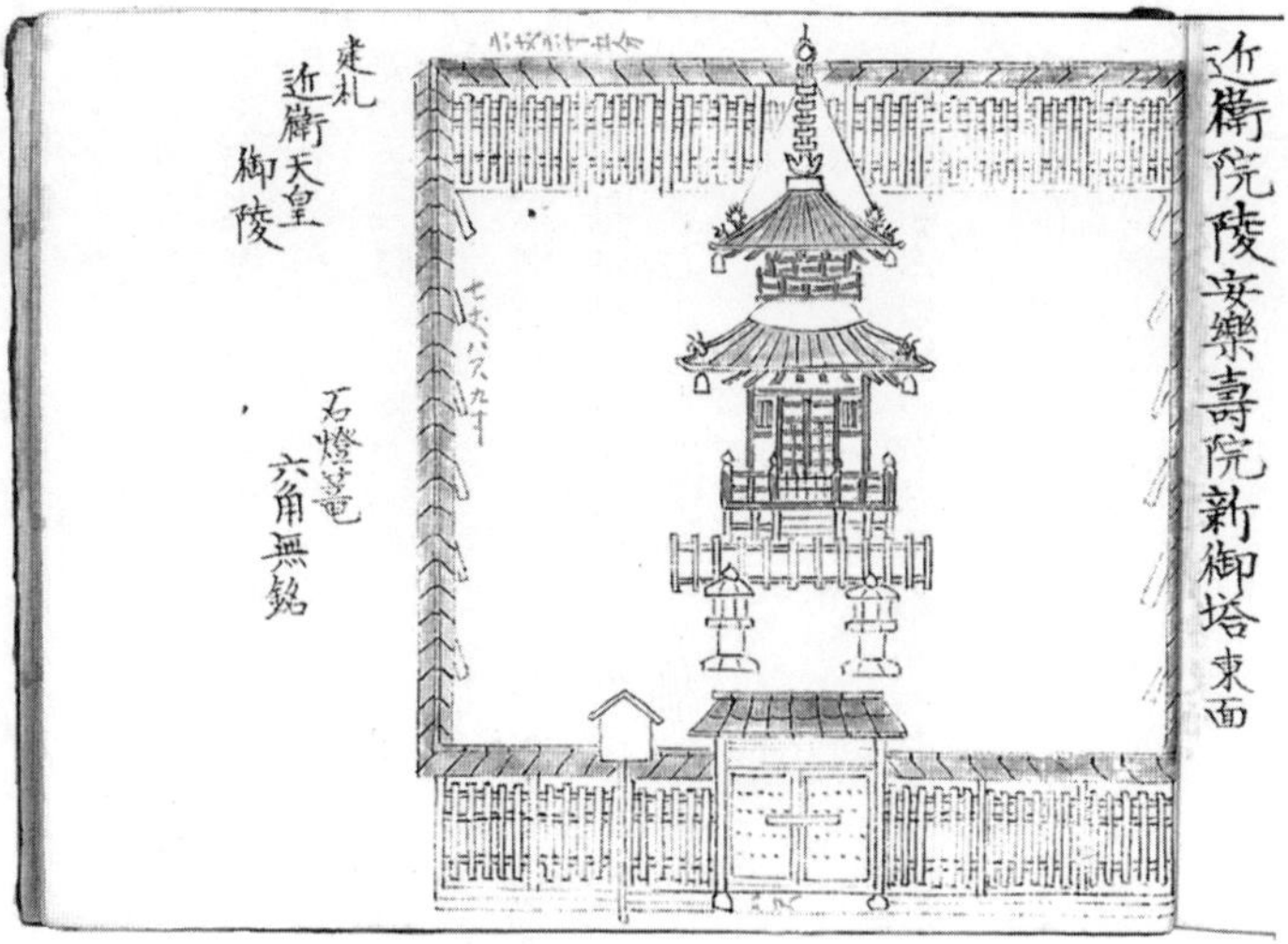

近衛天皇の安楽寿院南陵の多宝塔（明治９年の『陵墓図量』）

漢代の皇帝が自分の生前に陵の場所を決める。さらには陵の工事を開始する。そのさい多くの人家を陵の周囲に移させて人為的な邑を作りだす。これが陵邑であり、日本でも箸墓古墳と纒向遺跡との関係にその可能性を見出すことはできる。

大治四年（一一二九）に死んだ白河上皇は、鳥羽離宮内の成《じょう》菩提院の三重塔の下に火葬した骨が葬られた。この塔を成菩提院陵とよんでいる。この塔は生前に白河上皇の意志で建立を始め、広大な苑池のすぐ北にあったと推定されている。

この塔はその後に失われ、現在は塔の方形の基壇が陵とされている。普通の塔の基壇というより、古墳時代の方墳を意識して造られたとみられ、当初は東西、南北の一辺が約五六メートルある。その周囲に幅八メートル、深さ一・六メートルの堀が繞らされていた。

これらの様子は付近を通る道路工事のさいの発掘で明らかとなった。なお現在の白河天皇陵は一辺三三メートルの方形に縮小されている。方形の一辺が約五六メートルといえば古墳時代の方墳のなかでも大きく、奈良県明日香村の石舞台古墳とほぼ同じであることは注目してよい。

近鉄奈良線の竹田駅から西方すぐに多宝塔が見える。この多宝塔のあるのがすぐ後に述べる安《あん》楽寿院《らくじゅいん》である。

安楽寿院は鳥羽離宮のなかでも東の部分を占め、東殿御堂ともよばれた。鳥羽上皇によって造立され、保延五年（一一三九）に上皇の意志によって納骨所として三重塔が建てられた。当時はこの塔を本御塔といった。これが安楽寿院陵である。

鳥羽上皇は皇后の美福門院（得子）のため、同じ安楽寿院のなかにもう一つの塔である新御塔を建てた。しかし鳥羽上皇や美福門院よりも先に、二人の子であった近衛天皇が一七歳で若死した（即位は三歳のとき）。そこで新御塔に近衛天皇は葬られた。このように近衛天皇はさほど鳥羽離宮を利用したのではないが死後に関係ができたのである。この陵は安楽寿院南陵とよばれている。なお近衛天皇の死が呪詛によるという噂がたったことについては「嵯峨・嵐山・花園・松尾の巻」の愛宕山の項でふれた。

安楽寿院陵の三重塔はその後失われ、文久の修陵にさいして陵上に法華堂が建立された。

安楽寿院南陵の塔は長く存続していたが、文禄五年（一五九六）のいわゆる慶長の大地震で倒壊しその直後に豊臣秀頼が再建した。

和田軍一が日本歴史の概説の一部として昭和九年に執筆した「皇陵」では白河、近衛、鳥羽の三帝陵を「御塔式山陵」として捉え、さらに在世中の寿陵であることを述べている。このように考えると年代は漢代より新しいとはいえ、鳥羽離宮に陵邑的な一面があったことは見逃せない。

帝都に終止符をうった鳥羽・伏見の戦

一八六八年は激動の年であった。注意しておいてよいのは、この年の前半すぎまでは慶応四年で、江戸時代最後の年となる。九月八日に元号を明治と改め、即位したばかりの明治天皇は江戸城を東京城と名をかえ皇居にした。

この激動の年の一月三日に、薩摩、長州の連合軍（新政府軍）と旧幕府軍とが決戦の場としたのが鳥羽と伏見であった。薩長連合軍を西軍、会津藩が加勢した旧幕府軍を東軍ともいえる。

この戦では薩摩軍は城南宮に陣を張り、長州軍は東福寺の退耕庵を本陣として、幕府軍の京都への進入を阻止しようとした。兵士の数では幕府軍がまさっていたが、士気の高さと洋式武器の数とでは新政府軍がまさり、敗退した幕府軍は大坂へ退いた。

防長藩士の墓、手前の小さな石碑は萬蔵墓
（奥行きを意識してカメラを斜めに構えた）

このように江戸時代に幕を下ろすことになった戦争で、わが家の隣の東福寺と元の鳥羽離宮のあったあたりを結ぶ線が、旧幕府軍の京都への進入を防ぐうえできわめて重要だっ

鳥羽離宮跡公園にある鳥羽・伏見の戦いの石碑（背後が秋の山）

たことは感慨深い。東福寺ではこの戦のあと毎年正月四日に退耕庵で長州藩の戦死者の追弔会をおこなっている。

わが家から東の方へと稲荷山の尾根道を登ると、まず崇徳天皇の皇后聖子の月輪南陵がある。さらに登ると仲恭天皇の九条陵がある。この道は昔の稲荷神社の奥の宮へと通じる古道である。仲恭天皇陵のすぐ下が広場になっていてここに鳥羽・伏見の戦で命を落とした「防長藩士の墓」がある。防長とは周防と長門をいう言葉であって、長州藩を丁寧にいったのである。

石碑には戦死者の氏名が刻まれていて、整然と二列に並んでいる。これで見ると、この墓地に葬られた戦死者は三六人だったことが分る。墓碑の列から離れ、しかも丈の低い石碑が一つある。近づくと「萬蔵墓」とだけ刻まれている。おそらく萬蔵は藩士ではなく誰かの下僕として従軍して命を落としたのであろう。

家が東福寺の東隣りに移ったころよくこの墓地を訪れたが、そのころは萬蔵の墓には気づかなかった。二〇〇九年五月四日の朝、久しぶりに墓地を訪れると、妙に「萬蔵墓」が気になりだした。なおこの墓地から見下ろす京都のマチの風景はまことに雄大、この日は天気もよく、しばらく見とれていた。

あまり知られていないが、東福寺の東寄りにある塔頭《たっちゅう》の即宗院からさらに山を登ると、明治二年に建立された、戊辰戦争での薩摩藩士の死者四二五人の名前と階級を刻んだ慰霊碑が建っている。文字は西郷隆盛が書いている。戊辰戦争とは鳥羽・伏見の戦やその後の会津戦争などを含めているが、多くの薩摩藩士が命を落としている。

即宗院は室町時代に島津氏久が帰依して以来、薩摩との関係がつづいていた。即宗院では秋に境内が公開される。そのときにぼくはこの石碑を見ることができた。方向は通天橋よりさらに北東の高所にこの石碑はある。

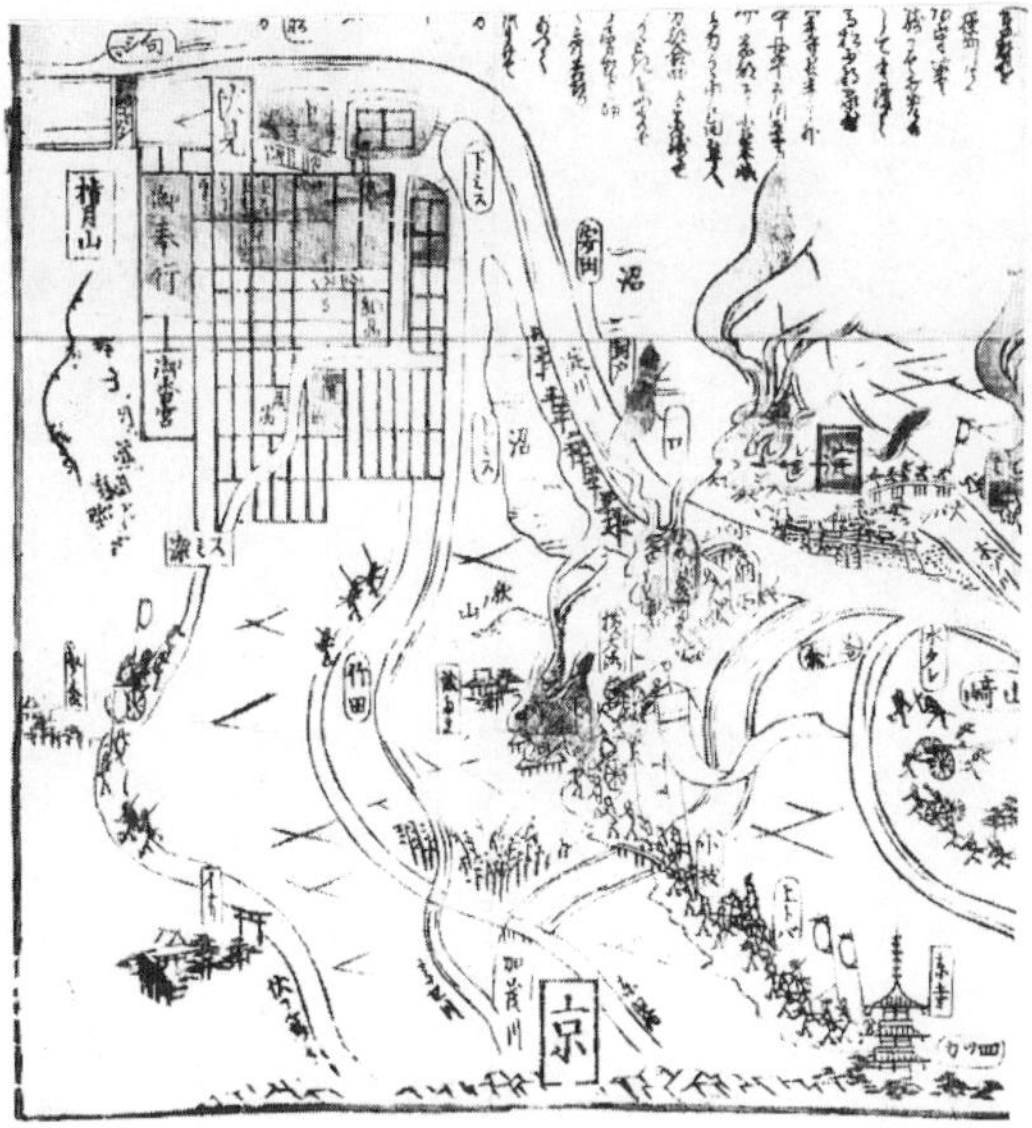

「伏見・大阪慶応四年戦争等図」に描かれた鳥羽・伏見の戦い（全図のうちの部分、森所蔵本、梅原章一氏撮影）

鳥羽・伏見の戦は、元の鳥羽離宮の西よりに、築山としてこしらえられた秋の山に陣をかまえ大砲を据えていた薩摩兵が撃った数発の砲声で、戦端は始まった。秋の山は鳥羽離宮跡公園内に今も名残をとどめている。

秋の山の地名がいつごろからあったかは分からない。だが『太平記』の巻第八に元弘三年（一三三三）の播磨の赤松則村（円心）の京都への進攻の様子が記されている。久我縄手から攻め入り六波羅勢を見渡すと「鳥羽ノ秋山風ニ、家々ノ旗翩翻トシテ、城南ノ離宮ノ西門ヨリ、作道・四塚・羅城門ノ東西、西ノ七条口マデ支ヘテ」とあって秋の山とおぼしき地名がでている。

ぼくは以前に表紙に「伏見・大阪慶応四年戦争等図」と誰かが後に墨書したトランプ大の地図を求めたことがある。広げると幅四五センチ、縦三二センチほどの地図となり、鳥羽・伏見の戦の様子をよく伝えている。とくに伏見奉行所のあった伏見のマチは三分の一ほどが戦火で焼けたことが色で示されている。

ところが説明ではこの戦は「人皇百九代後水尾院の御宇慶長四年」にあったとしていて、鳥羽・伏見の戦のすぐあとには事実を伝えることが憚《はばか》られたことがわかる。

何はともあれ南山城の地は、初期ヤマト政権にたいして、九州から進出してきた応神王朝が誕生する舞台となった土地であったが、その南山城で、再び日本が近世から近代へと急変するうえでの決定的な舞台となったことを記して、この巻は終る。

あとがき

この巻で山城が終わる予定だった。だが南山城は書くべきことが予定以上に豊富で、それとぼくが少年のころから歩いていたところでもありつい細かい記述となり、西山城を書く余裕が無くなってしまった。西山城とは弟国《おとくに》（乙訓）である。

書いてみて、この巻が一番〝足元から歴史をさぐれた〟とおもう。もちろん古建築、庭園、仏像、絵画にもそれなりの歴史はあるのだが、昔の人々が命をかけて歴史を動かそうとした土地という点では南山城がすばらしい。

それぞれの土地が果した歴史的役割とは、伝承や伝説、さらに史料からうかがえることではあるが、まずその土地を訪れて環境や特色を体感しておかないと、周知の伝承、伝説、史料をじゅうぶん読みこなせていないことがある。そういう意味では本書への批判は南山城を歩いたことのある人がおこなってほしい。

この「あとがき」を書き終わるのは七月になるが、七月とはぼくの誕生月であり一七日がくると満八一歳となる。

ふり返ると今までに編著を含めると一〇〇冊余りの書物を出すことができたけれども、自分で採点してみて、まず満足がいくのは七〇歳後半から八〇歳にかけて書くことのできたこのシリーズである。もちろん細部ではさらに時間をかけたいことも多々あったが、大目標はこのシリーズを書き終えることであった。今のぼくは健康体ではなく、週三回の人工透析という束縛をかかえての時間をやりくりしての執筆だった。

このシリーズは五冊で完結の予定だった。だが西山城が残ってしまった。それと丹波・丹後も、京都さらには日本を語るうえでは重要である。早い話、丹後には京都府で最大規模の前方後円墳が二基もある。京都府最大というだけでなく出雲を含んでの日本海地域でも最大規模である。

「宇治・筒木・相楽の巻」の原稿を書き終わったころから、自分に鞭打って西山城・丹波・丹後へも反復して訪れてみた。大山崎、亀岡、天橋立では一夜をすごしてみた。

六冊めでは弥生関係を高野陽子君、古墳関係を三浦到君に執筆してもらうことになり打合せも終わった。高野君は丹波、三浦君は丹後で生れ育った考古学徒で何よりも土地勘がある。すでにぼくも一〇〇枚ほどは書き終わったが、弟国・丹波・丹後を一つの地域として捉えてみると、今まで気づかなかった歴史を足元からさぐれそうである。この巻も来年中には刊行できるとおもう。
　今回の口絵には家蔵の『細見男山放生会図録』（文化十年）を再録した。また終章には瓦版の類とみられる「伏見・大阪慶応四年戦争等図」を挿絵にした。これらの撮影は梅原章一氏を煩わした。

二〇〇九年七月一日

［索　引］

人名・神名・文献・絵画資料

地名・遺跡・陵墓・神社・寺院

〔著者略歴〕

一九二八年大阪府生まれ。同志社大学大学院修士課程修了。考古学者。同志社大学名誉教授。和泉黄金塚古墳の発掘調査など多くの遺跡を調査。学生のころから、古代学を提唱。二〇一三年逝去。

主な編著書に、『対論　銅鐸』『対論　日本人の考古学』『三世紀の考古学』『唐古・鍵遺跡の考古学』『三輪山の考古学』『古代史を解くキーワード』『「東海学」事始め』（以上学生社）、『山野河海の列島史』『僕の古代史発掘』『記紀の考古学』『食の体験文化史』『考古学と古代日本』『古代史おさらい帖』『日本の深層文化』『倭人伝を読みなおす』など多数。

本書は2009年11月に刊行した初版の
新装版として刊行するものである。

2009年　11月20日　　初版発行
2019年　2月25日　新装版発行

【新装版】
京都の歴史を足元からさぐる
［宇治・筒木・相楽の巻］

著　者　森《もり》　浩《こう》一《いち》
発行者　宮田哲男

発行所　株式会社　学生社
〒102-0071　東京都千代田区富士見2-6-9
TEL 03-6261-1474／FAX 03-6261-1475
印刷・製本／株式会社ティーケー出版印刷

ISBN 978-4-311-80105-1　C0021
N.D.C.216　272p　19cm

【新装版】

京都の歴史を足元からさぐる

京都を歩き、京都人も知らない歴史の足跡をたどる―森史学の集大成

森 浩一

一九二八年大阪府に生まれる。同志社大学大学院修了。同志社大学名誉教授。考古学者。二〇一三年逝去。和泉黄金塚古墳の発掘調査をはじめ多くの遺跡を調査。大学生の頃から古代学を提唱し、日本各地の地域学の創出にも取り組んだ。著書多数。

四六判・並製・新装版（初版掲載のカラー口絵を割愛）として再刊。
2018年9月より順次刊行（既刊は＊）。定価（本体2200円〜2600円＋税）

第一巻［洛東の巻］＊
千余年の歴史を誇る古都・京都に秘められた日本の歴史遺産の数々。東福寺ほか東山一帯を自ら歩く、第一巻。

第二巻［洛北・上京・山科の巻］＊
蔵馬・貴船・大原、上賀茂神社・下鴨神社、花の御所、山科陵・奥醍醐などを自ら歩く、第二巻。

第三巻［北野・紫野・洛中の巻］＊
本願寺・五山の送り火・北野天満宮・今宮神社・神泉苑・聚楽第跡・錦天満宮などを自ら歩く、第三巻。

第四巻［嵯峨・嵐山・花園・松尾の巻］＊
神護寺、愛宕山と嵯峨、野宮神社と嵐山、秦氏と太秦、花園、桂と松尾などを自ら歩く、第四巻。

第五巻［宇治・筒木・相楽の巻］＊
宇治川と木津川、椿井大塚山古墳、笠置寺、石清水八幡宮、平等院などを自ら歩く、第五巻。

第六巻［丹後・丹波・乙訓の巻］《協力》高野陽子・三浦到。
記紀と丹波・弟国、由良川、園部垣内古墳、天橋立と籠神社などを自ら歩く、第六巻。